LE
Mouvement
et la
Matière

PAR

Ernest VITTE

Aux TERMES, près GRAND-BOURG (Creuse)

Prix : 1 Fr. 25

LIMOGES
Imprimerie du « PETIT CENTRE »
Place Jourdan et Avenue des Bénédictins

1899

Le Mouvement & la Matière

LE
Mouvement
et la
 Matière

PAR

Ernest VITTE

Aux TERMES, près GRAND-BOURG (Creuse)

PRIX : 1 FR. 25

LIMOGES
Imprimerie du « PETIT CENTRE »
Place Jourdan et Avenue des Bénédictins
—
1899

PRÉFACE

Lorsque nous avons eu écrit les pages qui vont suivre, notre intention était de les présenter purement et simplement à l'appréciation du lecteur ; mais comme on nous a fait pressentir une certaine résistance de la part du monde savant pour l'adoption de notre théorie, malgré les raisons les plus convaincantes qui plaident en sa faveur, nous avons cru qu'il était indispensable d'entrer dans de certains développements complémentaires, qui ont pour but de rendre nos explications plus intelligibles et qui fixeront l'attention de quiconque cherche à démêler le vraisemblable de l'erreur, dans les solutions données de l'un des plus profonds problèmes qui aient été posés devant l'esprit humain.

Bien d'autres avant nous ont recherché la solution du grand problème, et dès la plus haute antiquité, tous les grands hommes ont essayé d'expliquer l'origine et le mécanisme du monde.

Voici, d'après le plus ancien des historiens après Moïse, quelle était la cosmogonie des Egyptiens : « Le principe de
» l'univers était un air sombre et tempétueux, un vent fait
» d'un air sombre et d'un turbulent chaos. Ce principe était
» sans bornes et n'avait eu pendant longtemps ni limite ni
» figure. Mais quand ce vent devint amoureux de ses propres
» principes, il en résulta une mixtion, et cette mixtion fut appelée désir ou amour.

» Cette mixtion, étant complète, devint le commencement
» de toutes choses ; mais le vent ne connaissait point son pro-
» pre ouvrage, la mixtion. Celle-ci engendra à son tour, avec
» le vent son père, *môt* ou le *limon*, et de là sortirent toutes
» les générations de l'univers ».

Thalès, philosophe grec, fondateur de la secte Ionique, reconnaissait l'eau comme principe universel. Platon prétendait que la Divinité avait arrangé le monde mais qu'elle n'avait pu le créer. Dieu, dit-il, a formé l'univers d'après le modèle existant de toute éternité en lui-même. Les objets visibles ne sont que les ombres des idées de Dieu, seules véritables substances. Dieu fit en outre couler un souffle de sa vie dans les êtres. Il en composa un troisième à la fois esprit et matière, et ce principe est appelé l'âme du monde.

Zénon soutenait que le monde s'arrangea par sa propre énergie ; que la nature est ce tout qui comprend tout ; que ce tout se compose de deux principes, l'un actif, l'autre passif, non existant séparés, mais unis ensemble ; que ces deux principes sont soumis à un troisième, *la fatalité ;* que Dieu, la matière, la fatalité, ne font qu'un : qu'ils composent à la fois les roues, le mouvement, les lois de la machine, et obéissent comme *parties* aux lois qu'ils dictent comme *tout*.

Selon la philosophie d'Epicure, l'univers existe de toute éternité. Il n'y a que deux choses dans la nature : le corps et le vide.

Les corps se composent de l'agrégation de parties de matière infiniment petites, les atomes, qui, sous l'influence de la gravité, décrivent une ellipse dans le vide. La terre, le ciel, les planètes, les étoiles, les plantes, les minéraux, les animaux, en y comprenant l'homme, naquirent du concours fortuit de ces atomes, et lorsque la vertu productrice du globe se fut évaporée, les races vivantes se perpétuèrent par la génération.

En dehors de ces cosmogonies, il y a des traditions qui sont répandues chez les autres peuples de la terre : Dans l'Inde, un éléphant soutient le globe ; le soleil a tout fait au Pérou ; au Canada, le *grand lièvre* est le père du monde ; au Groenland, l'homme est sorti d'un coquillage ; etc., etc.

Ptolemée et les théologiens du moyen-âge attribuaient à la terre une origine toute récente, et plaçant celle-ci au centre de l'univers, ils s'imaginaient que la lune, le soleil et tous les astres dansaient en rond autour de nous.

Copernic fut le premier qui eut une conception exacte du plan de l'univers; son système fut perfectionné par Képler, Newton, Galilée et enseigné par tous les autres savants.

A cette époque, la science, qui avait pu remédier à la faiblesse de nos sens, voyait reculer à l'infini les limites de l'univers; dès lors, une nouvelle théorie cosmogonique s'imposait.

Au dix-huitième siècle, le philosophe Kant donna une explication de la formation du système solaire par l'attraction et une force répulsive qui s'exerce entre les molécules, mais qui n'agit qu'à une très faible distance.

A la fin de ce même siècle, un illustre mathématicien, Laplace, expliqua que la force d'attraction pouvait rendre compte de tous les phénomènes. Du reste, voici son assertion : « La » loi de l'attraction réciproque au carré de la distance est celle » des émanations qui partent d'un centre. Elle parait être la » loi de toutes les forces, dont l'action se fait apercevoir à des » distances sensibles, comme on l'a reconnu dans les forces » électriques et magnétiques. Ainsi, cette loi répondant exac-» tement à tous les phénomènes, doit être regardée par sa » simplicité et par sa généralité comme rigoureuse. »

Quoique notre voix ne soit guère éloquente pour plaider un tel sujet, nous nous permettrons cependant d'attaquer de face l'assertion du célèbre Laplace, et nous essaierons de démontrer l'existence d'une deuxième force qui anime la matière.

Et à moins que les savants modernes ne repoussent de parti pris et sans examen toute théorie contraire à celle de Laplace, ils accepteront la nôtre, car elle est la vérité.

Du reste, nous ne sommes pas le premier qui reconnaissons l'existence de deux forces antagonistes, dont le mécanisme de l'univers est le résultat de l'incessant combat. Cependant, nous ferons remarquer que notre théorie ne s'appuie pas sur les travaux de nos devanciers, elle est étrangère à toute science apprise, c'est une conception naturelle de notre esprit. Et si nous présentons au lecteur ce modeste travail, ce n'est pas parce que nos études nous y prédestinaient, et nos occupations nous tenant le plus étranger aux choses de la science, nos notions étaient restées jusqu'alors assez restreintes sur ce sujet, lorsque par un effet du hasard un petit traité ou résumé des connaissances actuelles sur la constitution de la matière tomba entre nos mains, et c'est la lecture de ce petit traité qui fixa notre esprit sur ce profond sujet et qui nous a fait découvrir la grande loi du mouvement.

Peut-être le lecteur remarquera-t-il que nos démonstrations pour prouver notre théorie sont exclusivement basées sur les mouvements moléculaires, et ne saisira-t-il pas tout d'abord la corrélation intime qui existe entre ces mouvements et le mécanisme de l'univers — car nous embrassons dans la même formule le mouvement des atomes et celui des grands corps de l'espace. — Dans ces conditions, il semble ne pas se douter que les grands corps de l'espace ne sont qu'un assemblage d'atomes et de molécules, et que les émanations partant de cet ensemble ne sauraient être différentes de celles qui partent de chaque molécule. Cependant ce n'est pas dans l'étude des astres que nous avons pu découvrir le mouvement, car la distance qui nous en sépare est telle et leurs masses si considérables, que les transformations dans l'intensité de leur mouvement ne sont pas sensibles pour notre vie éphémère.

C'est en étudiant la matière qui se trouve plus près de nous que nous avons pu découvrir les lois auxquelles elle obéit, et c'est ce que pourra reconnaître tout observateur qui s'adonnera attentivement au spectacle de la Grande Nature.

Nous disons tout d'abord que le calorique et le mouvement ne sont qu'une seule et même chose, et ce qui nous étonne, c'est que cette vérité ait mis tant de siècles à se découvrir. Et comment a-t-il pu se faire que tous ces illustres penseurs qui s'appelaient Newton, Lagrange, Laplace, Poisson, etc., etc., n'ont pas reconnu cette chose si simple ? C'est un de ces profonds mystères dont la nature garde le secret.

C'est cependant une vérité fondamentale qui devrait être facilement reconnue par tout observateur attentif, car tous les effets mécaniques sont produits par la chaleur. Ainsi, par exemple, le fer qui se dilate, l'eau qui se vaporise lorsqu'on l'échauffe, la glace qui se transforme en liquide sous l'action des rayons du soleil, etc., etc , sont des preuves suffisantes pour démontrer que le calorique est la cause de l'agitation des molécules. Mais afin d'éviter au lecteur le travail d'abstraction nécessaire pour bien comprendre notre théorie, nous ferons passer celui-ci par les différentes déductions qui nous ont amenés à la découverte de cette grande loi.

Notre théorie repose sur les principes absolus de la logique qui sont que : tout effet proclame une cause, cause au moins égale à l'effet produit ; toute action nécessite une force, et toute force, pour agir, a besoin d'un point résistant. Ce qui revient à dire qu'il n'y a pas d'effet sans cause et que, conséquemment, la matière ne saurait s'agiter sans le mouvement d'une substance matérielle. C'est sur de telles assises que nous avons établi notre théorie, et c'est en nous inspirant d'une devise personnelle : *Que toute force qui obéit aux lois de la mécanique est susceptible d'être expliquée,* que nous avons pu découvrir le véritable mécanisme du mouvement.

D'abord, qu'est-ce que l'attraction ? L'attraction est une puissance mystérieuse qui réside dans la matière; elle tend sans cesse à rapprocher les molécules et tend à précipiter les uns vers les autres tous les corps de l'espace. Elle reçoit dans ce dernier cas le nom de *gravitation* ou pesanteur; autrement, elle est désignée sous le nom d'affinité moléculaire. C'est grâce à elle que certaines substances appelées gluantes s'attachent aux objets avec lesquels on les met en contact; c'est elle encore qui retient à la pointe de chaque brin d'herbe la gouttelette de rosée, et qui fait graviter dans une orbite elliptique les planètes autour du soleil. C'est par elle que les eaux roulent incessamment vers la mer et qu'une pierre lancée dans l'air retombe sur le sol. Tous les corps qui conservent une position rigide, et notre terre elle-même rassemblée en une boule compacte, c'est encore par l'attraction.

Mais allons-nous dire maintenant que c'est cette même force qui fait remonter l'eau dans les airs lorsqu'elle est vaporisée; qui projette la pierre; qui lance la terre dans l'espace, et qui la maintenait à l'état de vapeur, lorsque tous les matériaux qui composent l'univers étaient encore dans le chaos ? A moins que l'attraction ne soit une force à double effet qui puisse agiter et en même temps faire rassembler les molécules, nous ne le pouvons pas. Et la science moderne vient nous dire qu'une force seule suffit pour rendre compte de tous les phénomènes, et que cette force unique c'est la force d'attraction ? Mais c'est absolument irréfléchi. On ne comprend pas du tout ce caractéristique de la force d'attraction. Puisque cette force rassemble la matière, elle ne peut pas la diviser. Ainsi le fer à la température ordinaire est à l'état solide; il est évident que c'est l'attraction qui retient ainsi les molécules rapprochées les unes des autres. Or, s'il n'y a que cette puissance, ce corps ne devra jamais changer de nature, puisque l'attraction est invariable. Cependant, si l'on soumet le fer à une haute température, il se transforme en liquide, puis ensuite en gaz.

Or, voilà la preuve qu'une deuxième force plus puissante encore que l'attraction a agi, et qu'elle a développé un effet mécanique prodigieux, puisqu'elle a pu séparer les molécules. Nous pourrions multiplier les exemples, mais nous pensons que celui-là est assez concluant pour qu'il ne soit pas permis d'insister.

Cependant la science ne reconnaît pas non seulement l'influence d'une force unique dans le mouvement des atomes, mais aussi dans le mécanisme de l'univers. Du reste, voici l'assertion d'un illustre astronome : « Une force mystérieuse à
» laquelle on a donné le nom de *gravitation universelle* dirige
» autour de l'astre central (le soleil) le système solaire tout
» entier : planètes, satellites, astéroïdes, comètes, météores
» cosmiques, etc., enveloppant dans une même domination
» tous les êtres que le soleil éclaire. C'est cette même force
» qui trace à la lune l'orbite elliptique que cet astre décrit
» autour de notre globe et qui entraîne dans une course per-
» pétuelle les satellites autour de leurs planètes respectives ;
» c'est elle encore qui, sous le nom de pesanteur, assure les
» pas éphémères de l'homme et du ciron à la surface de la
» terre, la fuite du poisson dans les ondes et l'essor de l'oiseau
» dans les plaines bleues; c'est elle encore qui, sous le nom
» d'affinité moléculaire, dirige les mouvements des atomes

» dans les transformations invisibles du monde inorganique,
» et, pour aller du plus petit au plus grand, c'est elle encore
» qui, dans les profondeurs incommensurables de l'étendue,
» préside aux révolutions lointaines des systèmes stellaires.
» C'est ainsi que, dans le sein de la nature, tous les phénomè-
» nes s'enchaînent sous la puissance de lois universelles ; que
» la même force qui soulève périodiquement les eaux de la
» mer écumante sillonne de comètes flamboyantes les plaines
» éthérées ».

Il nous semble que, dans ces conditions, l'on considère le mouvement comme appartenant à la matière, et que celle-ci voguerait sans guide et sans but, si elle n'était maintenue par la force d'attraction. Mais s'il en était ainsi, le mouvement serait comme la gravité une force constante, et l'on ne pourrait constater ni augmentation ni diminution dans l'état d'agitation des molécules. Or, comme les plus simples phénomènes de dilatation démontrent qu'il n'en est pas ainsi, nous devons en conclure que le mouvement ou répulsion est une force variable qui est communiquée à la matière.

La science moderne, qui a marché sur les traces de Laplace, admet avec lui que tous les grands corps de l'espace étaient, à l'origine, à l'état de vapeur surchauffée : c'était le chaos. Ainsi, d'après Laplace, tout l'espace qui renferme le système planétaire était primitivement occupé par une masse gazeuse très légère tournant d'un mouvement d'ensemble. Cette masse s'est refroidie en rayonnant de la chaleur, et une condensation s'est produite au centre : c'est le soleil. Laplace admet ensuite que les molécules laissées en dehors du centre de condensation se sont rassemblées en zones concentriques formant des anneaux circulant autour du soleil. Puis ensuite ces anneaux se sont rompus en plusieurs masses qui, mues avec des vitesses très peu différentes, ont continué de circuler autour du soleil. La seule cause spécifiée de cette transformation est relative à la condensation. Or, en admettant cette conclusion, Laplace fait l'aveu, sans le reconnaître, que la chaleur produisait un effet mécanique, car si cette nébuleuse ne se condensait pas tout de suite, c'est parce que la chaleur tenait les molécules écartées. Par quel mécanisme ? Il est probable qu'il ne le rechercha pas. Du reste, il n'aimait pas à voir le fond des choses, et s'il eut été logique en admettant que la chaleur agissait entre les molécules, il eut reconnu que ces molécules, une fois rassemblées en masses considérables, devaient produire entre elles un effet analogue à celui qui se produisait entre les molécules. Mais sa théorie péchait par sa base. En ne reconnaissant pas de cause première, cette nébuleuse devait exister ainsi de *toute éternité !* Or, comment admettre qu'elle ait pu se condenser un jour ? C'est inadmissible. Et maintenant que ce système est ainsi transformé, tout serait en mouvement jusqu'à la consommation des siècles ! Non, cela ne se peut pas ; si notre système s'est formé par condensation, nulle cause ne saurait maintenant enrayer cet effet, et la conséquence fatale sera l'assemblage final de tous les corps de l'univers.

Cependant Laplace, en ne reconnaissant pas de cause première, ne pouvait admettre de cause finale. Ses calculs savants sur la force d'attraction sont un monument de la science astronomique, et nous rendons hommage à son génie. Mais croyant tout expliquer par sa théorie, il crut se passer de la puissance suprême ; ce sont ces considérations qui l'ont empêché de découvrir la sublime vérité !

Mais de tout cela nous ne retiendrons qu'une chose : c'est que la science reconnait que la matière était chaude, prodigieusement chaude. Or, à quelle fin existait cette chaleur ? Si l'attraction seule suffit pour tout expliquer, pourquoi cette chaleur existait-elle ? Comme la nature nous enseigne que tout ce qui est a sa raison d'être, cette chaleur existait parce qu'elle était indispensable ; parce que, sans elle, la matière serait inerte ; l'univers ne serait que froid et ténèbre.

L'on nous dit que c'est l'attraction qui lance la terre autour du soleil ! Mais cela n'a pas le sens commun. Il faut que la terre soit animée d'une force prodigieuse, car malgré l'attraction puissante émanant du soleil qui la retient dans son orbite prisonnière, elle fait 30 kilomètres à la seconde. Or, pour se déplacer avec une telle vitesse, et pour qu'elle ne tombe pas dans le soleil, il lui faut non pas une impulsion temporaire, mais une poussée continue qui s'exerce incessamment. C'est absolument comme si l'on disait qu'un boulet de canon chassé par la poudre est lancé par l'attraction. Alors, s'il en est ainsi, pourquoi, une fois lancé, ce boulet ne marche-t-il pas toujours et retombe-t-il vers le sol en décrivant une courbe appelée trajectoire? Eh bien! la terre ne fait pas autre chose : elle est chassée par une force de projection émanant du soleil qui la lance en ligne droite à l'instar du projectile chassé par la poudre, et c'est la force d'attraction qui lui fait décrire une trajectoire. Cependant, la terre ne retombe pas sur le soleil, car la même impulsion qui l'a chassée une première fois, se fait de nouveau sentir lorsqu'elle se trouve placée convenablement, et derechef la force d'attraction lui fait décrire une nouvelle trajectoire.

Comme on le voit, il est de toute impossibilité que l'orbite des planètes et des satellites soit complétement circulaire, car le trajet est formé de deux lignes courbes dont la réunion forme une ellipse.

A l'appui de notre théorie, nous ne pouvons guère fournir d'autres preuves tangibles que celles énoncées plus haut, car nous sommes placés entre deux immensités qui sont également inaccessibles à nos sens : le fini en petitesse et l'infini en grandeur. Car, quoiqu'il y ait une limite à la divisibilité de la matière, ce fini est invisible. Seul l'esprit peut voir et pénétrer ces secrets que la nature a cachés dans les parcelles les plus ténues de la matière. C'est dans cette dernière particule divisée que réside la force d'attraction, et c'est là la source de tout mouvement et de toute vie.

Cette parcelle vibre, et de cette vibration résulte l'onde vibratoire ou poussée d'éther, qui est l'agent transmetteur de la vibration et l'essence du mouvement.

La science, qui recherche la vérité, reconnaît pour agent transmetteur de cette vibration une ondulation dans l'éther; c'est une grave erreur. Voyons d'abord ce qu'est une ondulation. Cet effet se produit lorsqu'on jette un objet quelconque dans une pièce d'eau. Alors, il se forme tout autour de l'endroit de la chute un petit flot qui se déroule en ondulant sur toute la surface du liquide. Mais cette ondulation majestueuse qui se déroule lentement, ne produit qu'un effet mécanique presque insensible, qui n'est pas du tout en rapport avec les effets produits par la lumière, effets qui nécessitent une puissante effluve extra-rapide, puisqu'elle parcourt trois cent mille kilomètres par seconde. De plus, cette ondulation n'est qu'une agitation superficielle qui ne se manifeste pas dans la masse du liquide, puisque c'est un rétablissement d'équilibre. Or, dans l'éther, comme il ne peut y avoir de surface, nous devons en conclure que ce n'est pas d'ondulation ; il faut que ce soit une poussée. D'ailleurs, la particule, en vibrant, ne peut produire autre chose, car la vibration est un mouvement de va-et-vient. Or, ce mouvement imprime à l'éther un courant continu. Mais comment admettre que le soleil, par exemple, puisse lancer ainsi des poussées en tous sens? Car en logique, pour qu'il y ait une poussée, il faut que l'éther se représente incessamment devant la parcelle qui vibre. Or, voici l'effet qui se produit : La matière est formée d'une infinité de molécules qui voguent, pour ainsi dire, dans les flots éthérés — car quelques denses que soient les corps, leurs molécules constitutives sont encore séparées par des intervalles vides. — Or, les poussées émanant de ces molécules ne se touchent pas ; entre ces poussées reste de l'éther immobile qui prend la place de celui qui est projeté.

Mais cette poussée, qui est tout, n'est rien par elle-même ; elle ne peut se manifester que sur la matière. Notre organisation physique la perçoit par l'intermédiaire de nos sens, sous forme de chaleur, de lumière, d'odeur et de saveur. Mais c'est un effet purement relatif, bien que ses effets sur la matière soient universellement les mêmes. Rien n'empêche de concevoir des organisations sensibles qui y percevraient des sensations dont nous ne pouvons nous faire une idée.

Oui, c'est l'onde vibratoire qui nous donne l'impression des odeurs et des saveurs, et quoique cela puisse paraître paradoxal, c'est cependant la vérité. Et ce qui nous le prouve, c'est qu'une substance glacée n'a ni odeur ni saveur, alors que ses qualités se retrouvent avec l'élévation de la température. Du reste, que pourrait dire à nos sens une molécule, une boule de matière, si elle était inerte ? Il est indispensable (puisque les molécules mêmes d'un corps le plus dur ne se touchent pas), qu'il y ait une émanation partant de cette molécule pour impressionner nos sens, et cette émanation c'est l'onde vibratoire.

Notre travail est divisé en deux parties : la première comprend l'explication de la répulsion ou mouvement et la définition des mouvements moléculaires; nous ajoutons à la suite l'explication de quelques phénomènes physiques qui sont la conséquence de la loi du mouvement.

La deuxième partie est consacrée à l'explication du mécanisme de l'univers. Cette théorie cosmogonique est la conséquence logique qui découle du mécanisme de la répulsion. Elle est la seule rationnelle qui permette d'expliquer tous les phénomènes d'une façon mécanique claire et intelligible.

Nous n'avons pas la prétention de présenter au lecteur un travail littéraire, car notre talent ne nous permet pas de traiter ce sujet comme il le mériterait. Cependant, il nous a été donné d'entrevoir la vérité, et si notre plume avait pu répondre à notre pensée, notre théorie serait aisément comprise.

Nous pensons avoir jeté une clarté suffisante sur les diverses explications de notre récit, mais ce n'est pas une lecture superficielle qui fera juger de sa valeur, car pour être bien comprise, notre théorie doit être étudiée à fond. Alors la vérité se dégagera des ténèbres de l'inconnu, et le mouvement apparaîtra au lecteur comme à nous dans sa beauté sublime !

Ire Partie

LE MOUVEMENT

Dans l'univers, deux forces qui se combattent incessamment sont en présence : l'attraction et la répulsion. Cette loi, qui régit toute chose dans le mécanisme universel, exerce son influence depuis l'atome le plus infime jusqu'aux corps innombrables qui roulent dans les espaces éthérés.

L'attraction, qui est propriété de la matière, tend sans cesse à rapprocher les molécules et à les maintenir dans l'immobilité.

La répulsion, à l'inverse de cette dernière, tend constamment à éloigner et à agiter les molécules; en conséquence, elle est donc la seule cause du mouvement.

Ces deux forces antagonistes ne sont pas de même nature, quoique la répulsion soit comme la gravité en raison inverse du carré des distances, elle n'est pas, comme celle-ci, en raison directe des masses; de plus, son action subit, dans de certains cas, de profondes modifications. En effet, elle s'anéantit à 273° au-dessous de zéro (puisque tout mouvement cesse) et l'on remarque que sous l'action du calorique, tous les corps augmentent de volume. Il faut donc que le calorique puisse par lui-même faire distendre les molécules. Et puisqu'il est démontré qu'il accroît les vitesses moléculaires, il est l'unique cause du mouvement.

Le calorique est le principe du mouvement et de toute vie mécanique.

Le calorique est le produit de la vibration des dernières particules divisées de la matière : les ondes vibratoires qui sont perçues par nos sens sous forme de chaleur et de lumière.

L'onde vibratoire est une poussée d'éther engendrée par un rapide mouvement de va-et-vient ou vibration d'une particule matérielle.

Cette vibration ne peut être moléculaire ni même atomique, car cette poussée n'étant lancée que dans un sens, ne pourrait produire — si cette parcelle était une molécule — la répulsion que l'on observe de toutes parts.

Il faut donc admettre que la molécule est formée d'un grand nombre d'atomes, et chacun de ceux-ci, ou peut-être de leurs sous-éléments, vibrant séparément, déterminent dans leur ensemble une poussée dirigée en tous sens.

Si l'on pouvait concevoir une parcelle de matière absolument isolée, et n'étant maintenue par aucune force dans une position quelconque, et d'autre part n'étant pas subdivisée en d'autres particules, aucune force ne pourrait faire vibrer cette parcelle. L'atome, pas plus que la molécule, ne vibrent par eux-mêmes; ce sont leurs sous-éléments.

Pour qu'une parcelle vibre, il faut que, par un moyen quelconque, on la déplace de sa position normale où elle est maintenue par la force d'attraction. Or, les molécules ne sauraient vibrer puisqu'elles sont constamment en mouvement et n'occupent pas de position fixe.

Voici une expérience très simple, qui nous démontre comment la poussée d'éther est produite, et la nécessité d'un point fixe pour déterminer la vibration :

L'on prend une tige métallique que l'on fixe par l'une de ses extrémités à un point quelconque, de façon à la tenir dans une position rigide.

Maintenant, si on lui imprime un mouvement de pendule très rapide, en l'attirant à soi et en l'abandonnant ensuite à son élasticité, cette tige détermine deux courants d'air de direction opposée. Voici comment cette double poussée est produite : Lorsqu'on abandonne la tige à elle-même, elle cherche à reprendre sa position première par un rapide mouvement qui pousse l'air dans cette direction. Cependant, la tige a dépassé sa position normale; son élasticité la ramène en arrière, ce qui produit un vide entre elle et les molécules projetées en avant : c'est le mouvement d'appel.

Alors, les molécules placées à côté prennent la place laissée vide, ce qui fait que le courant d'appel est perpendiculaire à la poussée. Ces nouvelles molécules sont encore poussées en avant par la tige, qui reprend sa première position, et ainsi de suite. Le même effet se produit du côté inverse, ce qui détermine deux courants. Comme ce mouvement est très rapide, les alternatives d'appel et de poussée sont très courtes. C'est un courant continu.

Si l'on substitue à l'air l'éther, et à la tige métallique une parcelle de matière, celle-ci se comportera vis-à-vis de l'éther, comme la tige vis-à-vis des molécules aériennes.

Dans ces conditions, la tige métallique est représentée par une parcelle de matière. Son point d'appui est un centre d'attraction ou grosse particule qui ne vibre pas et qui forme un noyau autour duquel voltigent ces particules infinitésimales, que nous appelons les molécules vibrantes.

Sous le choc d'une onde vibratoire, produite par un mouvement quelconque, les molécules vibrantes s'éloignent et se rapprochent alternativement du centre — la force d'attraction les tenant rapprochées. — C'est la vibration.

Quel est le plan de cette vibration ?

Nous pensons qu'il ne peut être que latéral à la poussée et perpendiculaire à la surface du centre d'attraction.

Mais, pour produire cette vibration, il faut une onde vibratoire.

Présentement, la poussée nécessaire à l'entretien de cette vibration nous est fournie par la source de toute lumière, c'est-à-dire le soleil. Mais si nous allons plus loin, nous voyons que pour déterminer la prodigieuse vibration qui est propre à l'astre qui nous éclaire, il a fallu une cause, une impulsion première, et cette cause est immuable et éternelle.

Mais l'on se demande quelle doit être la rapidité de cette vibration pour produire l'onde lumineuse; car, pour imprimer à l'éther une vitesse initiale de trois cent mille kilomètres, il faut que la molécule vibrante soit animée d'une force vive au moins égale à la poussée qu'elle engendre; or, en supposant que son déplacement soit de un millionième de millimètre — ce qui est beaucoup au-dessus de la réalité — le nombre des vibrations sera de trois cents quatrillons à la seconde.

L'éther, ce fluide impalpable d'après certains physiciens, ne saurait être considéré comme matière, en se basant sur ce fait qu'il n'offre pas la moindre résistance au mouvement des corps pondérables. Ainsi, ils se demandent comment les comètes qui traversent le périhélie, douées de vitesses prodigieuses, ne sont pas déformées; et d'autre part que, si d'après Hirn, l'espace qui nous sépare de la lune renfermait un kilogramme de matière, le mouvement de notre satellite se trouverait altéré d'une manière sensible.

Ces considérations ne seront plus de nature à émouvoir ces mêmes physiciens, puisque, comme nous le verrons plus loin, c'est l'éther en mouvement qui entraîne les corps dans l'espace.

L'éther est une substance composée de particules infiniment ténues qui échappent aux lois de l'attraction; de ce fait, elles n'ont pour ainsi dire pas d'inertie. Il faut qu'il en soit ainsi, car si la lumière de certaines nébuleuses met cinq millions d'années à nous parvenir, il est évident que les particules d'éther qui nous les révèlent à travers l'infini ont été mises en mouvement il y a cinq millions d'années. Nous admettons que ces particules une fois mises en mouvement y seraient pour toujours, si ces poussées n'étaient pas finalement anéanties par des poussées inverses. L'éther est dans tout et partout; il remplit l'univers d'une façon telle que la matière semble de trop dans l'espace.

La molécule vibrante est la dernière particule animée de la matière. C'est la source de toute chaleur comme de tout mouvement et la limite de toute vie.

Tout mouvement développe de la chaleur, et toute chaleur produit le mouvement; mais le coefficient d'une dépense d'énergie quelconque ne peut être qu'égal à cette dépense d'énergie. Cependant, comme deux forces égales s'annulent, le coefficient, pour être sensible, ne peut être que légèrement inférieur à cette dépense.

Ici se dresse une objection : En effet, comment se fait-il qu'une faible étincelle puisse enflammer un énorme tas de bois ou de tout autre combustible ?

Dans ces conditions, le mouvement produit n'est pas en rapport avec la dépense d'énergie; le coefficient bien supérieur à cette dépense. Si la règle énoncée plus haut s'applique à la matière brute, elle ne s'étend pas directement aux corps organisés.

Pour produire ces corps revêtant des formes qui ne sont pas en rapport avec l'action combinée des deux forces : l'attraction et la répulsion, qui ne sauraient produire que des boules de matière et des mouvements concentriques, nous devons conclure à l'existence d'une troisième force dans la nature : la vie.

C'est sous l'influence de cette troisième puissance, et avec l'aide des deux forces déjà connues, que les molécules de la matière peuvent devenir si prodigieusement vibrantes. Mais il est à remarquer que ces corps ne se forment qu'avec l'aide de la chaleur. La vie n'est donc qu'un accumulateur de calorique qui manifeste sa présence lorsqu'en un point quelconque de ces corps on accroît suffisamment la vibration. La chaleur, développée par la combustion, ne représente que la somme d'énergie dépensée pour la production de ces corps. Cette prodigieuse faculté vibratoire ne peut tenir qu'à la position des molécules, mais nous ne pouvons pas nous en expliquer le mécanisme.

LA MATIÈRE

La matière est formée de particules indivisibles appelées molécules vibrantes; l'agglomération de ces particules a pris le nom d'atomes; l'assemblage de ceux-ci forme les molécules.

L'explication que nous donne Crookes des molécules n'est pas tout à fait exacte. Voici comment s'exprime le célèbre physicien :

« Une molécule n'est ni solide, ni liquide, ni gazeuse. Les
» molécules doivent être classées dans un état distinct.

» La molécule invisible, intangible, difficilement concova-
» ble, est la seule vraie matière, n'est ni plus, ni moins que
» l'effet produit sur nos sens par le mouvement des molécu-
» les, ou, comme le dit Stewart Mill, une possibilité perma-
» nente de sensation. Il n'y a plus de raison pour représenter
» comme matière l'espace parcouru par des molécules en mou-

» vement, qu'il n'y aurait à considérer comme du plomb l'air
» traversé par une balle de fusil. »

La première partie « une molécule n'est ni solide, ni liquide, ni gazeuse », nous paraît un non sens, car il n'y a qu'un seul état, l'état solide, et l'élément liquide ou gazeux ne représente autre chose que l'état d'agitation plus ou moins accentué des molécules.

Comme toute matière est susceptible de passer par ces divers états, et que ces changements n'ont lieu que sous l'action du calorique, qui ne saurait modifier la nature des molécules, nous devons en conclure que la molécule vibrante est une parcelle de matière solide, et que dès lors il n'y a nulle raison pour la classer dans un état distinct.

Crookes continue ainsi : « La molécule invisible, intangible,
» difficilement concevable, est la seule vraie matière, n'est ni
» plus ni moins que l'effet produit sur nos sens par le mou-
» vement des molécules, ou, comme le dit Stewart Mill, une
» possibilité permanente de sensation. »

Nous allons modifier ainsi cette explication :

La molécule invisible, intangible, difficilement concevable, est la base de la matière, n'est ni plus ni moins que l'effet produit sur nos sens par ses ondes vibratoires. Il s'ensuit que *toute action* se fait à distance, et que la matière ne saurait se manifester à nos sens sans le calorique.

Comme le dit l'illustre physicien : « Il n'y a plus de raison
» pour représenter comme matière l'espace parcouru par des
» molécules en mouvement, qu'il n'y aurait à considérer comme
» du plomb l'air traveré par une balle de fusil ». En effet, les molécules se meuvent dans l'éther, qui ne saurait offrir de résistance au mouvement des corps, pour la raison très simple que nous avons déjà citée plus haut.

Lorsque la matière est soumise à l'influence du calorique, c'est-à-dire quand les ondes vibratoires viennent frapper les molécules, celles-ci sont déplacées de leurs positions normales; elles vibrent et produisent à leur tour des ondes vibratoires. Ces ondes, lancées en droite ligne, frappent d'autres molécules qui les font dévier de leurs directions primitives. Alors, ces poussées obliques déterminent des vibrations obliques par rapport à la vibration première. Comme toute poussée produit une vibration, les molécules vibrent en tous sens — pas la même, bien entendu, une molécule ne peut vibrer que dans un sens — et lancent des ondes vibratoires qui se heurtent et se croisent dans toutes les directions.

Cette agitation se manifeste à nos sens par l'impression de la chaleur, et se traduit dans la matière par un éloignement des molécules.

Voilà la cause des mouvements moléculaires :

Les Mouvements Moléculaires

Nous distinguons deux sortes de mouvements moléculaires : le mouvement simple et le mouvement composé.

Le mouvement simple est représenté par l'élément gazeux. C'est la répulsion seule qui agit pour donner le mouvement aux molécules constitutives de ces corps, et ne leur imprime, par conséquent, que des trajets rectilignes.

Les états liquide et solide sont la représentation du mouvement composé, parce qu'il y a combinaison des deux forces, l'attraction et la répulsion, qui entraînent les molécules dans des trajets circulaires.

C'est le mouvement composé qui régit le mécanisme de l'univers.

Les gaz sont des corps qui n'ont ni forme, ni dimension déterminée, car leur volume est en raison inverse des pressions qu'ils supportent. Dans cet état, les molécules n'exercent pas d'attraction les unes sur les autres ; c'est ce qui permet de faire le vide au moyen de la machine pneumatique.

Nous admettons avec Clausius et Kronig, auxquels nous sommes redevables de la théorie cinétique, que les molécules des gaz se meuvent en droite ligne jusqu'à ce qu'elles rencontrent d'autres molécules ou une paroi impénétrable. « Alors, di-
» saient ces savants, lorsque les rencontres se produisent, les
» molécules rebondissent comme si elles étaient parfaitement
» élastiques. Dans ces conditions, la pression ou la force
» expansive des gaz serait le résultat des chocs répétés qui se
» produisent sur la paroi ».

Pour que cette théorie fut exacte, il faudrait que le mouvement appartint aux molécules, c'est-à-dire qu'il fut constant — ce qui n'est pas, puisque tout mouvement cesse au zéro absolu; et que les vitesses moléculaires s'accroissent sous l'influence du calorique; — de plus, il faudrait que les molécules fussent élastiques (ce qui peut être) étant composées d'atomes, et l'assemblage de ceux-ci pouvant former un milieu élastique, à la condition, toutefois, d'être tenus à distance par une force qui ne peut être que celle qui agite les molécules. Alors, une molécule venant frapper une autre molécule, rebondirait comme une balle élastique.

Ici la théorie se contredit avec les connaissances actuelles : les molécules étant intangibles, ne peuvent se toucher entre elles, puisque, d'après Crookes, ce n'est que leur mouvement qui est sensible à nos sens.

Pour tourner la difficulté, on avait émis que l'élasticité serait avantageusement remplacée par une force répulsive qui se manifesterait lorsque les molécules se trouvent dans un étroit voisinage. Mais cette répulsion, d'ailleurs considérée comme inexplicable, ne servirait, non pas comme nous l'admettons, à donner le mouvement, mais seulement à faire rebondir les molécules.

Ces molécules sont des corps absolument indépendant les uns des autres, qui sont composés d'atomes, lesquels sont formés par l'assemblage des molécules vibrantes, qui, sous l'influence du calorique, lancent des ondes vibratoires en tous sens.

Maintenant, si nous prenons deux molécules — sachant que ces particules n'exercent pas d'attraction l'une sur l'autre — et que nous les placions en imagination à une très petite distance l'une de l'autre, les ondes vibratoires de ces molécules, lancées de toutes parts, vont frapper mutuellement ces deux corpuscules, et, comme chaque molécule fait un obstacle à l'expansion rapide de ces ondes, elles s'éloignent l'une de l'autre ; comme la poussée est dirigée en droite ligne, les molécules suivent naturellement cette direction ; de plus, comme la vibration de leurs sous-éléments est subordonnée à la poussée qui l'engendre, qui est en raison inverse du carré des distances, et que le mouvement des molécules n'est pas aussi rapide que le courant qui les emporte, il s'ensuit que la vibration de ces molécules diminue d'intensité à mesure qu'elles s'éloignent l'une de l'autre, ce qui, combiné avec l'impulsion reçue, fait que la molécule se rapprochera plus près d'une autre molécule placée sur son passage que ne le permettrait sa force répulsive. Il y a donc refoulement d'ondes vibratoires entre les deux molécules, ce qui produit une recrudescence de vibration. Cette recrudescence se traduit par une force répulsive plus considérable qui chasse les deux molécules en arrière. Et ainsi de suite. Voilà le mécanisme de la répulsion et la cause de la force d'expansion des gaz.

Il n'y a pas contact de matière : deux molécules ne peuvent se toucher. Ce n'est pas l'élasticité de la molécule, mais bien ses ondes vibratoires ou force répulsive qui fait rebondir une autre molécule qui vient la frapper.

Si quelqu'un émettait un doute sur la puissance des ondes vibratoires, que nous considérons comme l'unique cause du mouvement, nous répondrions que tout effet mécanique est produit par la dilatation des molécules, et que cette dilatation n'a lieu que sous l'influence du calorique. Il faut donc, comme nous l'avons déjà dit, que le calorique puisse par lui-même faire distendre les molécules ; or, comme cet éloignement est l'effet de la répulsion, il n'est pas plus difficile aux ondes vibratoires d'être la cause même du mouvement que d'accroître les vitesses moléculaires.

Tout ce qui s'appelle force, énergie, mouvement, chaleur, lumière, électricité, force musculaire, n'est qu'ondes vibratoires.

C'est grâce à elles que s'expliquent la puissance balistique de la poudre qui chasse un projectile, et la force d'expansion de la vapeur qui met en marche les locomotives. Cette même force, qui fait que tout être animé peut vaincre en partie la force d'attraction, lance la terre dans l'espace avec une vitesse de 30 kilomètres à la seconde ; emporte le soleil lui-même avec toutes les planètes, et lui fait décrire une ellipse autour d'un astre lointain.

Cette puissance prodigieuse, qui met tout en marche dans l'univers, s'appelle onde vibratoire. L'expérience de physique suivante qui, d'après les physiciens, démontre la réalité des mouvements moléculaires, nous fournit une nouvelle preuve de la puissance des ondes vibratoires :

On sait, d'après la conception de Clausius, que les molécules des gaz décrivent de petits trajets rectilignes ; or, si dans un vase quelconque nous installons un moulinet dont les palettes sont recouvertes d'un côté de noir de fumée, et de l'autre par des lames de mica ; et si, après avoir fait le vide dans notre récipient, nous soumettons cet appareil à des radiations calorifiques, le moulinet se met à tourner. Voici l'effet qui se produit.

Pour une cause que nous ne saurions pas très bien définir, mais qui tient certainement aux plans des vibrations, le pouvoir absorbant de la face noire étant plus grand que le pouvoir absorbant de la surface recouverte de mica, la première s'échauffera davantage, et ses molécules superficielles seront animées de vibrations plus intenses. Les ondes vibratoires émanant de ces molécules, lancées en droite ligne et perpendiculairement à la surface, vont frapper la paroi du récipient qui fait un obstacle à leur libre expansion. Dès lors, arrêtées dans leur essor, elles refluent sur la surface qui les produit et provoquent ainsi le recul de la palette. Comme la poussée est constante et l'obstacle continu, la palette reculera constamment et entrainera le moulinet dans un mouvement de rotation.

Le gaz, pris dans l'état de raréfaction que nous venons de considérer, a été désigné sous le nom de matière radiante, et serait, d'après les physiciens, la cause de la rotation du moulinet. Voici, d'ailleurs, l'explication qui en a été donnée :

« Lorsque, après avoir raréfié le gaz de façon à rendre (sui-
» vant leur conception) les trajets des molécules comparables
» aux dimensions du vase, les molécules de ce gaz venant à
» rencontrer la face noircie dont les molécules superficielles
» sont animées de mouvements vibratoires plus intenses, se-
» ront nécessairement renvoyées avec plus d'énergie que cel-
» les qui rencontrent la face opposée. Il résulte de cette cir-
» constance que ces deux faces se comportent pour ainsi dire
» comme deux mitrailleuses accolées dos à dos, mais inégale-
» ment chargées et lançant constamment des projectiles. Le
» recul de la pièce la plus fortement chargée l'emportera sur
» l'autre et déterminera un mouvement de recul de l'ensem-
» ble du système. Dans cette comparaison, la lame noircie
» représentera la pièce fortement chargée et sera soumise au
» recul qui provoquera la rotation du moulinet ».

La matière radiante ou ce gaz raréfié est donc considérée comme étant animée d'un mouvement qui, dans ces conditions, serait accru par la vibration des molécules.

Or, comme le mouvement n'appartient pas à la matière, et que le moulinet tournerait encore bien mieux dans le vide barométrique (car ce n'est que la résistance opposée par les molécules du gaz à l'expansion rapide des ondes vibratoires qui empêche la rotation de ce dernier sous la pression ordinaire) nous devons en conclure qu'il n'y a pas de matière radiante, qu'il n'y a que des ondes vibratoires.

Nous venons de considérer le mouvement simple qui est représenté par l'élément gazeux. Maintenant, supposons que, par un abaissement de température, les molécules viennent à perdre une partie de leur force vibratoire; alors, les mouvements rectilignes des molécules vont se transformer en mouvements concentriques pour former une infinité de tourbillons qui nous donnent la représentation du mouvement composé : l'état liquide.

Mais pour qu'il y ait mouvement concentrique, il faut qu'il y ait un point fixe ou centre d'attraction, et le centre d'attraction doit représenter la valeur de plusieurs molécules.

La formation des centres d'attraction serait assez difficile à expliquer, car il n'est guère admissible que plusieurs molécules — quoiqu'ayant perdu une partie de leur force répulsive — parviennent à se réunir pour former des agglomérations compactes. On doit donc admettre qu'il y a des molécules de grosseurs différentes.

Dès lors, chaque grosse molécule entraine autour d'elle plusieurs autres particules de dimensions plus petites, et forme un petit tourbillon qui gravite lui-même autour d'un autre tourbillon.

C'est la combinaison des deux forces, l'attraction et la répulsion, qui détermine ces mouvements concentriques.

Les trajets décrits par les molécules ne sont pas circulaires, mais plutôt allongés ou elliptiques. Puisque c'est la répulsion qui s'exerce entre les molécules et le centre d'attraction qui est la cause du mouvement, il lui est mécaniquement impossible de leur faire décrire un trajet complètement circulaire. Cet allongement des orbites est une nécessité du mouvement, et comme ces mouvements en petit sont une exacte reproduction du système de l'univers, il n'est pas nécessaire de rechercher la cause de l'excentricité des orbites — qu'on attribue à l'influence illusoire du frottement des marées — puisqu'il ne saurait, qu'il ne peut y avoir de mouvements concentriques sans allongement des orbites.

Lorsque la poussée vibratoire qui entretient la répulsion dans l'état gazeux diminue d'intensité, les molécules se repoussent avec moins d'énergie, les trajets deviennent de plus en plus courts, jusqu'à ce que ces particules pénètrent dans la sphère d'influence des centres d'attraction ; alors, les molécules ne pourront sortir de l'orbite qui leur est tracé que si l'on accroît leur force répulsive.

Le centre d'attraction est en même temps un centre vibratoire dont la température est plus fixe que celle des molécules. Lorsqu'une molécule a subi l'influence d'un centre vibratoire, elle se rapproche de ce centre jusqu'à ce que sa force répulsive, qui croit à mesure que la distance diminue — puisqu'elle s'échauffe — soit assez considérable pour vaincre l'attraction. Alors cette répulsion lance la molécule en droite ligne, mais la force d'attraction ne permet son déplacement qu'autour du centre. Le trajet sera donc une ligne courbe allongée. Mais la molécule qui perd de sa force répulsive à mesure qu'elle s'éloigne — puisqu'elle se refroidit — est arrivée à un point où sa force vibratoire ne peut plus contrebalancer l'attraction de son point d'appui, qui la ramène brusquement vers le centre. Mais il n'y a pas contact de matière, car l'irradiation constante de ce centre vibratoire lui communique une nouvelle force répulsive qui la chasse dans la direction de l'impulsion reçue, jusqu'à ce qu'elle ait perdu assez de cette force, pour que l'attraction la ramène à son point de départ, où le même effet que nous avons déjà décrit se reproduit et devient continuel.

Comme on le voit, l'orbite des molécules ne peut pas être circulaire, mais en réalité étant formée de deux lignes courbes allongées, c'est une véritable ellipse. Du reste, l'allongement de cet orbite est en raison de la faculté vibratoire des molécules, et c'est l'incessante variation de la température des molécules qui est la cause de ces mouvements.

Le mouvement de ces dernières est d'autant plus rapide qu'elles sont plus rapprochées du centre, et voici pourquoi :

Premièrement, c'est la répulsion qui chasse la molécule, mais comme cette force est en raison inverse du carré des distances, cette molécule fuit de moins en moins vite à mesure qu'elle s'éloigne, et le mouvement devient presque insensible lorsque la répulsion est contrebalancée par la force d'attraction qui la ramène peu à peu vers le centre avec une vitesse qui croit à mesure que la distance diminue entre ces deux points.

Comme on le voit, le mouvement des molécules est bien plus rapide lorsqu'elles se trouvent dans le voisinage du centre vibratoire, c'est-à-dire au périhélie, que lorsqu'elles en sont éloignées, ou à l'aphélie.

C'est pour cette raison que les planètes marchent bien plus vite lorsqu'elles sont près du soleil que lorsqu'elles en sont éloignées.

Plusieurs molécules peuvent être entraînées autour d'un même centre d'attraction, et forment un tout indépendant qui tournera par le même mécanisme autour d'un autre tourbillon qui lui servira de point d'appui. Dans cet état, les centres d'attraction n'occupent pas de positions fixes, car si ces corps ont un volume déterminé, il n'en est pas de même de leur forme, qui est toujours celle du vase où ils sont placés. Les liquides sont donc formés d'une infinité de petits tourbillons de molécules qui gravitent en tous sens. La matière conservera ce nouvel état jusqu'à ce que la force répulsive, qui diminue lorsqu'elle n'est pas entretenue par une vibration étrangère, ne soit plus assez considérable pour imprimer des mouvements de tourbillons ; alors, l'attraction qui fait rapprocher les molécules à mesure que diminue la force répulsive, ne permettra plus ces mouvements tourbillonnaires au travers de la matière, elle ne laissera subsister que les mouvements moléculaires autour des centres d'attraction : ce sera l'état solide. Alors la matière conservera toujours la même forme et le même volume sous n'importe quelle pression.

Explications de quelques Phénomènes Physiques. — Les Rayons Lumineux

Nous avons dit que l'onde vibratoire est une poussée d'éther. Comment donc peut-il se faire que ces poussées se croisent sans s'anéantir mutuellement, car enfin la lumière est une onde vibratoire, et les rayons lumineux se croisent dans toutes les directions, puisque nous voyons parfaitement un objet placé en face de nous, et ce même objet est visible de quel angle qu'on se place, en haut, en bas, et que les objets diamétralement opposés sont visibles de tous ces points ?

La logique ne peut pas admettre qu'une barre de fer puisse passer au travers d'une autre barre ; cet effet paraîtrait paradoxal et cependant il se produit.

Voici donc comment l'explique notre théorie :

Nous avons vu que la matière est formée de molécules qui sont maintenues éloignées par la répulsion ; or, les ondes émanant de ces molécules ne forment pas une poussée pleine, pour ainsi dire, mais une infinité de petites poussées comme des lignes droites très rapprochées entre lesquelles peuvent passer d'autres lignes ou rayons lancés perpendiculairement. Cette disposition lèverait déjà une partie de l'objection, mais la constitution même des ondes vibratoires va nous convaincre tout à fait.

Les ondes vibratoires sont produites par un mouvement de va-et-vient d'une particule matérielle ; or, ce mouvement de va-et-vient ne peut pas produire une poussée continue, mais des poussées alternatives de molécules d'éther — si nous pouvons donner ce nom aux particules qui composent cette substance si impalpable — qui se suivent à intervalles très rapprochés, formant ainsi une ligne brisée composée de traits pleins séparés par des interstices vides.

Dans ces conditions, deux lignes brisées peuvent parfaitement se croiser sans se nuire, le trait d'une poussée passe dans le vide d'une autre poussée, et réciproquement le vide de la première est occupé par le trait de la deuxième.

Pourquoi un objet est-il visible de tous les points à la fois ? Si nous voyons un objet, c'est parce qu'il est frappé par une onde vibratoire qui détermine la vibration des molécules superficielles de cet objet, et c'est l'onde résultant de cette vibration qui traverse le globe de notre œil, frappe la rétine et détermine une vibration analogue à celle qui l'a engendrée. Donc les couleurs ne sont qu'une onde vibratoire, et c'est la plus ou moins grande rapidité d'expansion de cette onde qui fait la différence des couleurs.

Mais cet objet est visible de quel angle on se place ; il faut donc que cet objet lance des ondes en tous sens.

Le soleil est la source de toute lumière ; cette poussée lumineuse frappant les molécules aériennes rebondit dans toutes les directions, produisant ainsi la déviation des ondes vibratoires, ou la lumière diffuse. Ce sont ces ondes d'origine si diverses qui, venant à rencontrer les molécules superficielles d'un objet quelconque, nous donnent l'impression de la lumière. Les molécules qui composent la surface de cet objet peuvent être comparées à des boules placées à côté les unes des autres ; comme nous l'avons vu, ces boules sont formées d'atomes, lesquels sont composés par l'assemblage des molécules vibrantes. Le plan de la vibration de ces particules est dirigé du centre à la périphérie de la boule. Il résulte de cette circonstance, de cette disposition, que la même molécule ou boule lance non seulement des ondes horizontalement, verticalement et obliquement, mais dans toutes les lignes intermédiaires.

Chaque molécule couvre donc de ses rayons tout l'espace qui l'environne; un rond de un millimètre de diamètre est traversé par une quantité prodigieuse d'ondes vibratoires, puisque d'un même point l'on peut voir non seulement tous les objets environnants, mais la plus petite parcelle de ces objets.

Elasticité

L'élasticité résulte immédiatement de l'idée que nous nous sommes faite de la constitution de la matière, où les molécules sont maintenues éloignées les unes des autres par la répulsion. Tous les corps sont donc susceptibles de coercibilité dans de certaines proportions. Les gaz sont les corps élastiques par excellence et ceci s'explique : les molécules n'exerçant pas d'attraction les unes sur les autres, sont maintenues très éloignées; or, l'on comprend que par la pression l'on puisse rapprocher les molécules. Mais la résistance croît à mesure que l'on resserre l'espace renfermant ce gaz, pour cette raison que la force répulsive est en raison inverse du carré des distances.

Ainsi, si l'on réduit de moitié la capacité d'un vase renfermant un gaz quelconque, tout en conservant le même nombre de molécules, on double la pression, parce que l'on a réduit la distance qui sépare les molécules de moitié. On a donc ainsi doublé la force répulsive.

La matière par elle-même n'est pas compressible; on ne peut que rapprocher les molécules, et dès que cesse la pression, elles reprennent leurs positions primitives. De même, tous les autres corps sont susceptibles d'élasticité lorsque la température est assez élevée.

Si nous prenons, par exemple, la tige métallique qui a servi à expliquer le mécanisme de la formation des ondes vibratoires, nous voyons qu'ici un double phénomène se produit : en ployant la tige, nous rapprochons sur une face les molécules; nous forçons donc sur la répulsion, mais en même temps nous tirons sur l'attraction en éloignant les molécules de la face opposée. Nous avons ainsi un double mécanisme d'élasticité.

Tel est le mécanisme des ressorts; mais cette propriété disparaît avec l'état d'agitation des molécules. Aussi, lorsque la répulsion n'est plus assez forte pour éloigner les molécules, on ne peut ployer la tige sans la rompre. C'est pour cette cause que les ressorts de montre se brisent quelquefois sous l'influence d'un grand froid.

Nous avons dit que la répulsion est en raison inverse du carré des distances, et voici pourquoi :

Chaque corps irradiant couvre de ses rayons tout l'espace qui l'environne, mais il est évident que les radiations qui rayonnent sur cette surface partent toutes d'un même point. Ainsi, par exemple, si un corps irradiant rayonne sur une surface de un mètre carré placée à un mètre de distance, il est clair, disons-nous, que toutes ces poussées d'éther — puisque les rayons sont des poussées — passent dans une surface de cinquante centimètres carrés à cinquante centimètres de distance du corps rayonnant; or, comme ce sont ces poussées qui font la force répulsive, l'on comprend que le nombre des poussées étant deux fois plus grand à cinquante centimètres, la force répulsive sera deux fois plus considérable qu'à un mètre de distance du corps rayonnant.

Par quel mécanisme moléculaire l'eau augmente-t-elle de volume à $+ 4°$?

Toutes les molécules vibrantes ne possèdent pas uniformément la même faculté vibratoire comme la même force d'attraction.

Ainsi, par exemple, l'oxygène, un des principes qui composent notre atmosphère, se vaporise à $- 181°$; l'eau à $100°$ au-dessus de zéro; le mercure à $360°$, etc.; d'autres substances, telles que l'étain, ne passent de l'état solide à l'état liquide qu'à la température de 228°; le plomb à 335°; le zinc à 500°; par contre, l'eau passe à 0°; le mercure à 39° au-dessous de zéro, de l'état solide à l'état liquide.

On voit qu'à la température ordinaire certaines de ces substances, telles que l'eau et le mercure, se trouvent à l'état liquide, et que l'oxygène se trouve à l'état gazeux. L'eau est formée d'une infinité de tourbillons de molécules qui gravitent en tous sens. Lorsque la température s'élève à plus de 4° au-dessus de zéro, les orbites des molécules s'élargissent et s'allongent dans la proportion de la croissance de la température. Les molécules s'éloignent de leurs centres d'attraction parce que la répulsion qui les anime augmente d'intensité; alors la poussée répulsive émanant du centre vibratoire devenant plus puissante les chasse au loin. Ce premier effet mécanique se manifeste par une dilatation du liquide. Mais si la température augmente de plus en plus, les orbites des molécules s'élargissent dans cette proportion jusqu'à ce que la répulsion soit assez puissante pour s'affranchir de la force d'attraction. Alors les molécules les plus proches du foyer vibratoire qui provoque cette agitation sont lancées ainsi que des projectiles au travers du liquide et projetées dans l'air. Ce sont les molécules les plus échauffées qui montent les premières à la surface, parce que leur force répulsive qui tend à les faire fuir le foyer vibratoire est supérieure à la pression des molécules de la masse du liquide, et que la résistance est moindre dans les couches supérieures.

Lors donc que ces particules sont éloignées suffisamment du foyer vibratoire, les molécules environnantes, sous la pression du liquide, prennent la place laissée vide, faisant ainsi un point d'appui aux ondes vibratoires de ces particules qui les repoussent autant de ce nouvel obstacle, qu'elles les avaient éloignées précédemment du foyer vibratoire. Et ainsi de suite jusqu'à complète ascension à la surface du liquide. Maintenant, si la force répulsive de ces molécules est assez considérable, elles seront projetées dans l'air : c'est la vaporisation.

L'ascension de ces molécules dans l'atmosphère s'opère par le même mécanisme que celui qui les fait monter à la surface du liquide; mais comme précédemment, il est indispensable que leur force répulsive soit supérieure à la pression de l'atmosphère.

On comprend donc que la vaporisation n'est pas directement en raison du degré d'échauffement des molécules, mais sensiblement en raison inverse de la pression atmosphérique.

A la pression ordinaire, c'est-à-dire de 0,76, l'eau entre en ébullition à 100°, mais au sommet des hautes montagnes où l'air est raréfié, l'ébullition a lieu beaucoup plus tôt; sur le Mont-Blanc, par exemple, elle a lieu à 84°; sous le récipient de la machine pneumatique où l'air est extrêmement raréfié, l'eau se vaporise à la température ordinaire.

Réciproquement si la pression augmente, l'ébullition est retardée; elle n'a lieu, par exemple, qu'à 121° quand la pression est égale à deux fois la pression atmosphérique ordinaire.

C'est l'attraction de la terre sur les molécules aériennes qui fait la pression atmosphérique; or, cette pression est d'autant plus considérable, que le nombre des molécules est plus grand; c'est pour cette raison que la pression diminue lorsqu'on s'élève dans l'air.

La pression de l'atmosphère fait un obstacle à l'ébullition de l'eau, parce que les molécules de l'air appuient sur la surface du liquide; elles augmentent pour ainsi dire la force du centre d'attraction en s'opposant à la dilatation du liquide, et, par conséquent, à l'éloignement des molécules de leur centre d'attraction. Or, on conçoit que si la pression est nulle, la force d'attraction étant seule pour maintenir les molécules dans leur orbite, il ne sera pas nécessaire que la répulsion ou la température soit aussi élevée que si cette force est augmentée par la résistance de l'air.

Ce n'est pas, comme on l'explique, parce que la vapeur d'eau est plus légère que l'air que ces molécules montent dans l'espace. Puisque ce n'est que l'attraction qui fait le poids d'un corps, il faudrait que cette attraction diminua d'intensité lorsque ces molécules s'échauffent pour redevenir plus puissante lorsqu'elles se refroidissent, puisqu'elles reprennent leur forme primitive, c'est-à-dire en liquide.

L'attraction étant propriété de la matière est, de ce fait, invariable et ne peut subir de fluctuations. Donc, ce n'est pas parce qu'elles sont plus légères, mais parce que leur force répulsive est plus considérable, que ces molécules s'élèvent dans l'espace.

Les liquides ainsi transformés occupent un volume bien plus considérable, et c'est sur cette dilatation que repose le principe des machines à vapeur. Plus l'on accroît la vibration des molécules, plus elles produisent d'ondes vibratoires, et plus elles s'éloignent les unes des autres. Donc, c'est grâce aux ondes vibratoires que la vapeur a une telle force d'expansion; c'est aussi grâce à elles que l'air chaud monte dans l'espace, et c'est parce que les molécules du gaz hydrogène sont plus vibratoires que celles de l'air ambiant que l'aérostat s'élance fièrement dans les airs.

Formation de la Glace

Toute la matière se dilate sous l'influence du calorique et diminue de volume lorsque la température s'abaisse; mais à cette règle générale les liquides font exception.

En effet, si, comme nous venons de le voir, ces corps se dilatent lorsqu'ils passent à l'état gazeux, à l'inverse de tous les autres corps, ils augmentent de volume lorsqu'ils se transforment en solides. Ceci semblerait tout à fait contraire à la loi de la répulsion, en vertu de laquelle le volume d'un corps est en raison de la température. Et, de fait, si l'on nous a compris, l'on a vu que ce n'est que sous l'influence du calorique que les molécules peuvent se distendre; or, lorsque la répulsion peut à peine maintenir la matière à l'état liquide, il n'est pas admissible que cette répulsion diminuant encore d'intensité, puisse faire éloigner les molécules de leurs centres d'attraction, puisque les liquides ne se transforment en solides que lorsque la répulsion ne peut plus imprimer des mouvements de tourbillons. Ce n'est donc que le magnétisme qui peut produire cette dilatation.

Nous admettons que les molécules des liquides sont douées d'une puissance magnétique qui se porte à deux de leurs extrémités ou pôles.

Le magnétisme doit résider universellement dans toutes les molécules de la matière, mais il est probable qu'il n'est pas assez puissant dans les autres corps pour déformer les orbites moléculaires, car nous savons que l'attraction laisse subsister des tourbillons de molécules lorsque la matière passe à l'état solide. Nous disons donc que ce magnétisme se porte aux deux pôles des molécules; or, lorsque la répulsion ne peut plus imprimer de mouvements tourbillonnaires, ces molécules s'attirent par leurs extrémités, formant ainsi des barres. Le magnétisme qui, suivant les lois ordinaires, se porte toujours aux deux pôles d'une aiguille aimantée, agit seulement aux deux extrémités des petites barres qui s'attirent par leurs extrémités, formant ainsi les cristaux que l'on observe dans la glace. Cet assemblage de molécules en forme de cristaux laisse beaucoup de vide entre les petites barres; mais comme la matière occupe toujours le même volume, le liquide ainsi transformé doit nécessairement occuper plus de place qu'auparavant. D'après plusieurs constatations, cette augmentation serait de $1/10^e$, puisque le poids spécifique de la glace n'est que les $9/10^e$ de celui de l'eau. C'est pour cette raison que l'eau fait éclater un vase lorsqu'elle se transforme en glace.

Il ne serait pas ici hors de propos de dire un mot sur le magnétisme. Nous ne présentons pas toutefois cette explication comme l'absolue vérité, car elle ne rend pas compte de tous les effets produits par le magnétisme.

Il ne faut pas confondre le magnétisme avec l'attraction, cette dernière étant propriété de la matière, rien ne peut l'augmenter et nulle cause ne saurait l'anéantir.

Le magnétisme est d'une nature différente, puisqu'il obéit aux lois de la mécanique.

Nous ne pouvons concevoir un appel de substance vers un corps que par un vide d'éther; c'est du moins l'effet qui se produit lorsque après avoir frotté un bâton de cire sur un morceau de drap, ce bâton attire à soi des petits morceaux de papier et les grains de poussière qui se trouvent placés à une faible distance. Ce n'est que par le mécanisme suivant que cette attraction peut avoir lieu :

Par le frottement, on échauffe le bâton de cire, ou, en d'autres termes, on détermine la vibration des molécules.

Si le lecteur se souvient de ce que nous avons dit sur le calorique, nous avons vu que la vibration détermine deux courants : une poussée et un courant d'appel. Dans les conditions actuelles, il faut admettre que le plan des vibrations est de même sens, et que le courant d'appel est perpendiculaire à la surface de l'extrémité du bâton; c'est cet appel d'éther qui attire les morceaux de papier et les grains de poussière. Cependant, ce mécanisme ne semble pas s'appliquer à tous les phénomènes du magnétisme, puisque l'aimant naturel et l'électro-aimant n'attirent que le fer; nous ne pouvons pas comprendre que les autres métaux ne soient pas également attirés par l'appel d'éther. Nous le répétons, cette explication du mécanisme magnétique n'est pas assez rationnelle pour être présentée d'une manière positive.

Nous avons dit que c'est l'abaissement de la température qui rend possible la formation des cristaux de la glace; mais il y a aussi une autre cause qui vient en aide, c'est l'introduction dans ... cette formation en gênant la vibration des molécules. Nous ne saurions pas trop dire pourquoi ces particules ne sont pas vibratoires. Est-ce parce qu'étant d'une ténuité extrême elles sont introduites entre les molécules? ou bien est-ce par leur nature même, étant excessivement petites, on peut les supposer peu divisibles et par cela même pouvant produire très peu d'ondes vibratoires? Nous ne saurions préciser, toujours est-il que ces particules se trouvent en grande quantité dans les hautes régions de l'atmosphère. Nous admettons que ces particules sont facilement charriées par les ondes vibratoires et qu'elles peuvent être lancées au travers de la matière.

Lors donc que la poussée vibratoire émanant de la terre n'est plus assez puissante pour les repousser dans les régions sidérales où elle les tient pendant l'été, ces particules, sous l'influence des ondes vibratoires produites soit par le soleil, la lune ou les étoiles, sont lancées vers la terre et s'introduisent dans les corps; or, l'on conçoit que si un écran est placé entre la terre et la source de ces rayons, ces particules sont arrêtées au passage. C'est pour cela que les gelées printanières sont funestes aux récoltes lorsque le temps est clair ou que la lune se montre à l'horizon, et qu'un brouillard ou un ciel nuageux les rendent complètement inoffensives.

Cette soustraction du calorique est désignée sous le nom de froid; c'est la matière livrée à elle-même, à la puissance de l'attraction.

La Neige

En passant à l'état solide, l'eau peut aussi revêtir d'autres formes, telle est par exemple la neige. La neige se forme dans ces amas de vapeur qui sont les nuages.

La vapeur d'eau se condensant en gouttelettes pour se résoudre en pluie est solidifiée dans les airs; le froid agissant avec une grande intensité, les molécules constitutives de ces gouttelettes se rassemblent en cristaux qui, n'étant pas comprimés comme dans une masse de liquide, se distendent avec toute leur force ; de là ces formes légères qui sont les flocons.

Ainsi s'explique la formation de la neige.

La Grêle

Comme nous venons de le dire, les cristaux qui composent la glace se forment lorsque la vibration diminue d'intensité, du moins dans les conditions normales ; mais il est des fois où cette diminution ne serait pas assez considérable pour expliquer la formation de la glace, de la grêle, par exemple, qui se forme pendant les orages, alors où l'état de la température est trop incompatible avec la formation de la glace.

Pour expliquer la formation de la grêle, il est indispensable de faire entrer en ligne l'action de l'électricité. Et, de fait, les orages de grêle sont toujours accompagnés de violents coups de tonnerre.

Les nuages sont formés par les molécules de l'eau séparées sous l'influence du calorique par le mécanisme que nous avons expliqué, mais qui, toutefois, sont solidaires les unes des autres, puisque toutes ces particules sont assemblées en masse assez compactes qui sont les nuages. Or, ces molécules ou plutôt ces tourbillons de molécules se maintiennent élevés dans les airs, parce que leur force répulsive est plus considérable que celle des molécules qui composent les basses couches de l'atmosphère. Lorsque la force répulsive qui les a divisées diminue d'intensité, ces molécules se rassemblent en boules qui sont précipitées vers la terre sous forme de pluie. C'est à ce moment qu'intervient l'électricité pour transformer cette eau en glace.

Nous avons dit que le nitre se trouve en grande quantité dans les hautes régions de l'atmosphère ; or, l'électricité agissant d'une certaine façon sur la vapeur d'eau, rend les molécules magnétiques. Ce magnétisme attire dans la masse des nuages les corpuscules de nitre qui déterminent ainsi un grand abaissement de température qui transforme cette eau en glace.

Les grêlons ne sont pas parfaitement ronds. Lorsqu'ils sont tranchés en deux par une section nette, on remarque généralement un noyau au centre entouré de plusieurs couches concentriques. Quelquefois entre ces couches se trouve de l'eau qui n'est pas congelée. Cela tient à la rapidité avec laquelle se forme cette glace.

Presque toujours les grêlons sont formés par l'assemblage de plusieurs petites gouttes congelées ; ces gouttes sont attirées autour d'un centre et laissent des vides entre elles. Ce sont ces vides qui sont occupés par l'eau qui se trouve ainsi prise entre deux couches de glace, car ces gouttelettes se soudent entre elles et forment une enveloppe qui préserve l'eau intérieure de la congélation.

Dans les nuages il existe des grosses molécules ou centres de condensation. — Il n'est pas nécessaire de répéter ici ce que nous avons dit sur la transformation des gaz en liquide, car le même effet se produit lorsque la vibration qui entretient l'état gazeux vient à diminuer subitement d'intensité. — Alors toutes les molécules du gaz sont précipitées vers ces centres de condensation ; l'attraction agissant uniformément sur toute la surface des centres de condensation, les molécules se groupent tout autour de ces centres, formant ainsi un petit globe ou boule liquide. C'est alors que les particules de nitre attirées par l'action de l'électricité dans la masse des nuages, sont introduites dans ces boules liquides et favorisent la formation des cristaux de la glace, transformant ainsi cette boule liquide en solide.

Il est des centres de condensation comme des molécules de grosseurs différentes ; il se forme donc des boules très inégales. Or, l'attraction immuable et permanente continue à agir sur ces boules, c'est-à-dire que les petites boules sont attirées vers les plus grosses, tout comme les molécules sont attirées vers les centres d'attraction. Toutes ces boules, à mesure qu'elles se forment, sont immédiatement solidifiées et se fixent tout autour de la boule primitive.

Les molécules laissées en dehors des centres d'attraction sont attirées vers cette boule et soudent entre eux tous ces petits globes, si bien que cet assemblage de petites boules ne forme plus qu'une grosse boule ou grêlon.

Dès que la masse d'un grêlon ne permet plus sa suspension dans les airs, il est précipité vers le sol. C'est pendant cette chute que d'autres petits grêlons peuvent se fixer à sa surface; de là ces formes biscornues.

Le Son

Lorsqu'un corps est frappé violemment par un autre, on observe deux effets mécaniques : la chaleur et le son.

Le développement du calorique dans ces conditions est très facile à expliquer.

L'on sait qu'à la température ordinaire, toutes les molécules sont en mouvement, et, par conséquent, lancent des ondes vibratoires; or, lorsqu'un corps heurte violemment un autre corps, ce ne sont pas les molécules qui se touchent, ce sont les ondes vibratoires qui se frappent et se refoulent mutuellement, déterminant ainsi une recrudescence de la vibration des molécules vibrantes. C'est ce mécanisme qui produit la chaleur. Mais en déplaçant les molécules vibrantes, ces ondes vibratoires déplacent aussi des particules plus grosses (les atomes peut-être qui composent les molécules), laquelle vibration produit une autre onde vibratoire que nous percevons sous forme de son; mais cette deuxième onde est bien moins rapide que la première, puisque le son ne parcourt guère dans l'air que 338 métres par seconde. Dans les autres corps cette marche est plus rapide. Ainsi, par exemple, dans l'eau, le son marche quatre fois plus vite, et, dans le bois, dix fois plus. Cela ne peut tenir qu'à la plus grande proximité des molécules, car l'on sait que le son ne se propage pas dans le vide et qu'on le perçoit d'autant plus fort que l'air est plus dense.

Cette deuxième onde vibratoire ne peut pas être produite par la molécule vibrante — cette onde n'est pas assez rapide pour cela — et ne saurait davantage être déterminée par la vibration des molécules, puisque le son se propage dans les corps gazeux, état où les molécules sont libres et conséquemment ne sauraient vibrer.

Il est probable que c'est la vibration des particules intermédiaires qui produit le son.

Le son se propage dans les corps par le même mécanisme que le calorique; c'est-à-dire que l'onde sonore frappe les atomes vibrants : ceux-ci produisent une autre onde qui va frapper d'autres molécules. Et ainsi de suite.

Les Acides

Le fait de la corrosiveté par les acides s'explique parfaitement par l'action des ondes vibratoires.

Il faut admettre que les liquides acides sont doués d'une puissance vibratoire très considérable et que leurs molécules sont très agitées, même à la température ordinaire.

Du reste, cette action corrosive diminue lorsque la température baisse, et augmente lorsque la température se relève. C'est là une juste conséquence de notre théorie. Voici donc l'effet mécanique qui se produit :

Lorsqu'un acide est mis en contact avec un corps métallique, les molécules acides, ou plutôt leurs ondes vibratoires butant violemment contre les molécules du métal les déplacent et finissent par les arracher à leurs centres d'attraction.

Comme la surface d'un métal tant polie soit-elle est parsemée d'inégalités, les molécules acides s'introduisent dans ces cavités, attaquent les petits monticules par la base, détruisent leurs points d'attache, et ces petits monticules sont entraînés eux-mêmes dans les tourbillons du liquide.

Mais tous les liquides ne produisent pas cet effet sur les corps métalliques; chaque substance a son mode de vibration. C'est de là que résulte la différence dans les couleurs, dans les saveurs, dans les odeurs, en un mot, dans toutes les sensations.

Les ondes vibratoires émanant des molécules viennent frapper les organes de nos sens, et l'impression produite est transmise au cerveau. Cette transmission ne peut s'opérer que par une onde vibratoire. Cette deuxième onde résultant de la vibration des molécules qui ont reçu l'impression, passe par les nerfs et va frapper les molécules cervicales. Mais, est-il besoin de le dire, les ondes vibratoires pas plus que les molécules ne *sauraient apprécier;* autant vaudrait dire alors que le morceau de fer rougi qui produit aussi des ondes vibratoires ressent une impression. Cela serait absurde et cependant c'est la logique; car s'il n'y a que des molécules et des ondes vibratoires, tout ce qui produit une vibration doit ressentir une impression. Or, comme il n'en est pas ainsi, nous devons conclure à l'existence d'une troisième force qui échappe à toute analyse et dont nous avons déjà parlé : c'est la vie. Dans ces conditions, nous appelons cette force esprit.

L'esprit ne saurait se manifester sans l'aide du calorique, et il agit sur la matière à la façon d'une pile électrique; c'est-à-dire que les ordres commandés par le cerveau sont exécutés avec la rapidité d'un courant électrique.

Il faut donc que la force musculaire soit directement sous la dépendance du cerveau, et cette force n'est qu'une onde vibratoire.

Le cerveau est le siège de l'esprit : dès qu'il lance une onde vibratoire, les muscles entrent en action ; par quel mécanisme ? Nous ne saurions trop le dire ; mais ce qu'il y a de certain, ce n'est que le rapide passage d'une onde vibratoire dans les muscles qui détermine leurs mouvements, puisqu'un muscle s'échauffe dès qu'il entre en action et que les ondes vibratoires sont perçues par nos sens sous forme de chaleur.

Telle est l'explication logique de la force musculaire.

II° Partie

MÉCANISME DE L'UNIVERS

Nous avons donné l'explication de quelques mouvements moléculaires; il ne nous reste plus maintenant qu'à expliquer le mécanisme des grands corps de l'espace.

Comme nous avons dit que c'est le mouvement composé qui régit le système de l'univers, il n'est pas nécessaire de recommencer ici l'explication que nous en avons donnée, lorsque nous avons étudié les états liquide et solide.

Nous savons donc que c'est la répulsion qui s'exerce entre le soleil et la terre qui est la cause de son mouvement de translation, et que ce mouvement est plus rapide lorsque la terre est voisine du centre de notre système, ou au périhélie, que lorsqu'elle s'en trouve éloignée : c'est-à-dire à l'aphélie, et c'est la même cause qui dirige la lune autour de la terre, et toutes les autres planètes autour du soleil. Mais comme la répulsion est en raison inverse du carré des distances (pour la raison que nous avons donné plus haut) les planètes avancent d'autant moins vite dans leurs orbites qu'elles sont plus éloignées du soleil.

La terre tourne donc autour du soleil, et le soleil lui-même, avec toutes les planètes, est emporté dans l'espace autour d'un astre lointain, et cet astre, à son tour, roule encore autour de quelque étoile plus puissante. Et ainsi de suite à l'infini. Car non seulement toutes les étoiles qui composent la voie lactée décrivent des mouvements de translation, mais cette nébuleuse elle-même gravite autour d'une autre nébuleuse, et toujours la même puissance, cette force répulsive s'exerçant entre les nébuleuses, les entraîne en des tourbillons sans fin.

Mais où donc est-il le dernier chaînon de cette chaîne gigantesque? Où se trouve-t-il placé, ce grand axe de l'univers, puissant foyer vibratoire qui lance autour de lui tant de millions de nébuleuses? Car pour qu'une nébuleuse soit entraînée dans un mouvement de translation, il est indispensable qu'elle ait un point d'appui, et ce centre d'attraction est plus gros que cette nébuleuse; et si nous remontons cet enchaînement de tourbillons, nous en arrivons au centre de l'univers; car enfin, puisqu'il y a tourbillon, il est indispensable qu'il y ait un centre... — Mais notre esprit ne peut se faire à cette idée. Quoique ce soit la logique, nous ne pouvons pas trouver de centre à l'univers; nous ne pouvons pas comprendre une telle masse qui lance autour d'elle les nébuleuses en quantités si innombrables, et qui exerce son influence attractive dans les espaces sans limite, sans dimension et sans profondeur!... —

Le mouvement composé nous rend compte de tous les mouvements planétaires et stellaires; seul le mouvement des comètes semblerait faire exception à cette loi générale : c'est ce que nous allons expliquer.

Les comètes sont formées par l'assemblage de particules infiniment petites laissées en dehors des grands centres de condensation et qui, peu à peu, se sont rassemblées en masses plus ou moins considérables jouissant d'une certaine cohésion. Ce sont ces masses qui, tour à tour attirées, puis repoussées par les grands centres vibratoires, traversent comme des vagabondes les orbites planétaires. Les ellipses décrites par ces astres étranges sont excessivement allongées, et voici pourquoi : Lorsque ces amas de vapeur se trouvent suffisamment éloignés de tout foyer vibratoire, l'attraction rassemble toutes ces particules éparses, tenues longtemps séparées par la force répulsive, pour en former des corps opaques.

Ces nouveaux astres, sollicités par des influences diverses, restent incertains dans leur marche jusqu'à ce qu'une irrésistible attraction émanant de quelque puissant foyer vibratoire vient à les captiver. Alors cette masse vole en ligne droite vers ce point avec une vitesse qui devient de plus en plus considérable. Mais voilà qu'elle s'approche d'un soleil. Cet amas de matière commence à se réchauffer et il est arrivé à un point qu'il ne peut dépasser, car à ce point, la poussée vibratoire émanant du soleil est assez puissante pour contrebalancer la force d'attraction ; alors cet astre ne pouvant plus ni fuir, ni s'approcher du soleil, est obligé, pour continuer sa route, de décrire une ligne courbe. Mais il faut dire que la force répulsive de cette masse vient d'augmenter d'une manière considérable sous l'influence du calorique ; cet amas de matière s'est subitement dilaté ; alors, ses molécules, animées d'une force vibratoire prodigieuse, se repoussent très loin les unes des autres, et de corps opaque et invisible qu'elle était, cette masse est devenue tout à coup un astre brillant, une comète qui lance dans les espaces une traînée lumineuse d'une longueur fantastique. Si cette masse obéissait aux lois ordinaires de la dilatation, ce corps, qui est certainement de forme sphérique, devrait, étant dilaté, présenter aux observateurs une masse gazeuse de forme sphérique ; car la dilatation s'exerçant du centre à la périphérie, et les molécules s'éloignant uniformément sur toute la surface de la même distance du centre, ce corps devrait conserver la même forme tout en augmentant de volume. Mais dans ces conditions, il n'en est pas ainsi : la comète est chassée par les ondes vibratoires émanant du soleil à la façon d'un nuage emporté par l'ouragan. Les molécules de ce corps devenu gazeux n'exerçant plus qu'une influence presque insensible les unes sur les autres, rendent donc ce corps facilement déformable ; or, la poussée répulsive qui le lance dans l'espace, chasse devant elle un grand nombre de molécules qui viennent se ranger dans le sens du courant derrière le centre ou noyau qui a conservé une plus grande densité, formant ainsi ces traînées ou queues toujours opposées au soleil.

Toutes ces molécules, animées d'un puissant mouvement vibratoire, produisent une quantité considérable d'ondes vibratoires. Cette nouvelle poussée venant en aide à la force répulsive émanant du soleil, la comète est lancée en ligne droite avec une vitesse prodigieuse. Tant que ces molécules conserveront du mouvement, la comète continuera sa marche ; mais comme elle perd par irradiation peu à peu de cette chaleur, son mouvement se ralentit dans cette proportion. A mesure qu'elle perd de la force répulsive, les molécules se rapprochent de nouveau ; l'attraction rassemble toutes ces particules qui ont été séparées par la chaleur du soleil ; ce corps reprend sa force primitive. Il se reforme en solide dès qu'a cessé le mouvement vibratoire des molécules. Alors, la comète hésite encore dans sa marche, mais l'influence qui l'a captivée une première fois se fait de nouveau sentir : la comète revole encore vers le soleil qui l'a attirée, et ainsi de suite.

Peut-être quelques-unes de ces comètes, jouissant d'une force vibratoire prodigieuse, sont-elles lancées d'un soleil à l'autre et ne revisitent plus jamais le centre vibratoire qui les a un instant captivé.

Les particules qui composent les comètes sont laissées en dehors des grands centres de condensation, parce que leur attraction est trop faible et leur puissance répulsive trop considérable pour qu'elles soient maintenues auprès des autres molécules qui se rassemblent autour de ces centres d'attraction. Elles ont donc été repoussées loin de ces foyers vibratoires, et lorsque la chaleur de ces foyers a été diminuée d'une façon suffisante, ces molécules se sont rassemblées pour former les corps dont nous venons d'étudier la marche.

Puisque c'est le mode de vibration des molécules qui distingue les substances et les caractérisent, ou, en d'autres termes, c'est la plus ou moins grande rapidité des ondes vibratoires émanant des molécules qui sont la nature de ces substances, il résulte de cette circonstance que, les molécules jouissant de la même force répulsive, sont repoussées de la même distance de leurs centres d'attraction, et se trouvent ainsi séparées du reste des autres molécules. De là cet assemblage de substances de même nature qui se trouve dans l'univers en général, et dans notre globe en particulier.

En dehors du mouvement de translation des corps dans l'espace, nous avons à considérer leur mouvement de rotation. Ce mouvement de rotation est complètement indépendant de leur révolution et ne leur est d'aucune utilité pour leur maintien dans l'espace : il résulte simplement du mécanisme de la formation de ces corps.

Nous admettons, en principe, la formation d'anneaux concentriques qui, d'abord animés d'un mouvement de translation, se sont rompus brusquement pour former ces corps dont nous étudions aujourd'hui la marche.

A l'origine de notre univers, toute la matière qui compose ces grands corps remplissait l'espace tout entier dans lequel ils se meuvent. Les molécules animées d'une puissance répulsive considérable voguaient sans guide et sans but dans cette immensité tumultueuse. Peu à peu, les molécules perdirent de leur force répulsive; cette vapeur se condensa; un premier centre d'attraction forma autour de lui un anneau concentrique qui fut le point de départ d'une infinité d'anneaux secondaires qui ont formé les soleils et les planètes.

Comme nous n'avons pas étudié suffisamment ce sujet, nous n'entrerons pas dans la description de la formation de ces anneaux ; nous nous contenterons d'expliquer le mécanisme de leur évolution.

Le mouvement de translation s'explique de la même façon que le mouvement d'un corps autour d'un centre d'attraction. Comme les mêmes causes doivent produire les mêmes effets, dès qu'un corps a pénétré dans la sphère d'influence d'un centre d'attraction, nous observons d'abord, d'une part, une force répulsive qui tend à chasser ce corps, et une force d'attraction qui tend à le rapprocher ; d'autre part, une force d'inertie — en vertu de laquelle un corps tend à continuer sa marche dans le sens de l'impulsion reçue — qui, d'un côté, tire sur l'attraction et fait ainsi éloigner le corps plus que ne le permettrait la force répulsive (ce qui facilite ainsi son refroidissement) ; et d'autre part, force sur la répulsion en faisant rapprocher le corps du foyer vibratoire, ce qui lui communique une force répulsive plus considérable. De la combinaison de ces différentes forces, résulte un anneau elliptique qui, quoiqu'étant animé d'un mouvement de translation, reste invariable dans son apparence.

Et il ne saurait en être autrement, car cet anneau n'est pas un cercle rigide, mais une masse gazeuse d'une grande mobilité. Dès lors, ces forces agissent individuellement sur chacune de ses parties tout comme sur le corps dans les différentes phases de son évolution ; toutes les molécules constitutives de cet anneau se rapprochent à tour de rôle du foyer vibratoire et sont alternativement échauffées pour se refroidir ensuite lorsqu'elles se trouvent éloignées.

Tel est aujourd'hui dans son évolution le triple anneau de Saturne.

Mais lorsque quelques savants ont cru avoir démontré que ces anneaux ne se transformeraient jamais en satellites, ils se sont singulièrement trompés, car lorsque ces anneaux seront suffisamment refroidis, une brusque rupture se produira, et toutes les molécules se rassembleront autour d'un quelconque des centres d'attraction qui se trouvent dans la masse de ces anneaux, formant ainsi des globes qui continueront leur évolution tout en tournant sur eux-mêmes.

Le mouvement de translation de ces anneaux est dirigé dans le sens de la rotation du centre d'attraction. Cela provient de l'impulsion donnée aux primitives molécules qui constituèrent ces anneaux et qui furent entraînées par la rotation de ces centres.

Le mouvement de rotation de ces globes est ordinairement dirigé dans le sens de la translation, mais cette loi n'est pas rigoureuse, car l'on peut concevoir un assemblage d'une certaine façon de ces anneaux qui entraîne les globes résultant dans un mouvement de rotation rétrograde. Mais l'on peut dire que si ces globes ont des satellites, leurs mouvements de translation sont également rétrogrades. C'est ce qui s'est produit pour les deux planètes les plus éloignées du centre de notre système.

Certains savants ne s'expliquent pas que la plus grande partie des molécules qui composent ces anneaux puisse se rassembler en grosse boule au lieu de former toute une poussière de planètes. Ils semblent ne pas se douter que la matière ne saurait obéir qu'aux lois qui lui sont inhérentes, et que l'action permanente de la force d'attraction ne tend, non pas à morceler, mais à rassembler la matière, et que seule la répulsion peut diviser les molécules. Or, nous devons en conclure que si cette répulsion a permis une fois aux molécules de se rassembler, c'est un point de fait pour toujours.

C'est au périhélie de l'anneau que cette rupture a dû se produire, lorsque les molécules, sous l'influence de la chaleur, avaient perdu de leur cohésion. C'est alors que l'anneau, tiraillé par ses deux aphélies — où les molécules sont plus froides et, en conséquence, ont une plus grande force d'attraction, — a cédé sous cette double attraction, et s'est rassemblé en une masse sphérique qui a continué son évolution tout en tournant sur elle-même.

La vitesse de rotation de ces globes est en raison inverse du carré des distances de leurs anneaux d'origine au centre d'attraction, et la durée de cette rotation est en raison directe de la masse de ces globes. C'est pour cette raison que la lune n'a plus de mouvement de rotation (1), et que certainement la planète Mercure se trouve dans le même cas. Donc, c'est le mouvement de translation des anneaux qui est devenu le mouvement de rotation de ces globes. Mais dès que cette impulsion ne s'est plus fait sentir, cette rotation s'est peu à peu anéantie.

C'est la force d'attraction qui entrave la rotation, car elle s'oppose à tout déplacement de matière en tendant à conserver aux mêmes places les deux mêmes points de deux corps placés vis-à-vis : c'est de là que résulte le phénomène des marées.

Toutes les planètes retardent donc dans leur mouvement de rotation. Pour notre globe, ce retard serait de 22 secondes par siècle, et d'après Willam Thomson, notre terre avait, il y a dix millions d'années, (2) une vitesse de rotation double de ce qu'elle est aujourd'hui ; ce qui ferait, d'après nos calculs, remonter à 9,250 millions de siècles la formation de notre globe, et dans 86 millions de siècles, la rotation cessera tout à fait. (Nous donnons ces chiffres à titre de curiosité, car ils ne sont, du reste, d'aucune utilité relativement à notre théorie). Alors, disait Willam Thomson, la terre, obéissant à ses attractions, perdra son existence indépendante, soit qu'elle s'unisse à d'autres planètes, soit qu'elle aille tomber sur le soleil.

Erreur profonde, erreur !

La terre ne perdra pas son indépendance, elle continuera

---

(1) Voir notes.
(2) Voir à la fin des notes.

sa translation autour du soleil, mais sa surface n'en sera pas moins radicalement changée, car une moitié de notre globe sera constamment plongée dans l'ombre; peut-être notre coin de terre se trouvera-t-il dans cette moitié du monde qui ne reverra plus jamais l'astre éclatant du jour.

Alors, adieu les douceurs printanières et les tièdes senteurs! Adieu le bruit de la brise carressant comme un murmure, lorsqu'elle balance dans les airs la tête altière des peupliers! L'hirondelle, cette fidèle messagère, ne reviendra plus d'une aile rapide effleurer la surface de l'onde aux reflets changeants; et là où passe le navire qui porte d'un monde à l'autre les produits du travail et de la science, ne s'étendra plus qu'une plaine immense silencieuse et glacée; et les grands bois eux-mêmes, où pendant les beaux jours retentit le doux chant du rossignol, recouvriront de leurs débris ce sol qui fut témoin de nos travaux, de nos recherches, et dans lequel nos livres, nos machines et nos cendres desséchées dormiront pour toujours dans la poussière et dans l'oubli!... Plus de vie, plus de fleurs, plus rien qu'une immensité silencieuse, empire du froid et de la mort! Seule la lune, dans sa course périodique, viendra jeter une clarté douteuse dans ces parages désolés. Tel sera l'aspect de ces contrées — aujourd'hui si riantes — lorsqu'elles auront dit à la lumière un éternel adieu!

Bien différente sera l'autre partie du monde : un jour sans fin éclairera uniformément sa surface, et seuls les pôles seront alternativement éclairés et plongés dans l'obscurité comme ils le sont aujourd'hui. Bien différents de nous devront être aussi les êtres qui la peupleront, pour résister à l'action d'un soleil implacable toujours immobile dans l'horizon et qui dardera sur le sol ses rayons embrasés sans trêve ni repos. La température, pour chaque latitude, ne subira d'autres changements que ceux des saisons, car la terre n'en continuera pas moins sa marche autour du soleil.

La température du soleil n'est pas fixe, car pour décrire son mouvement de translation, cet astre doit se réchauffer aux puissants rayons de son centre d'attraction, et se refroidir ensuite lorsqu'il s'en trouve éloigné. Mais ces différences dans la température de l'astre qui nous éclaire seront insensibles pour l'habitant de la terre; vivrait-il 100 millions d'années, il ne pourrait s'en rendre compte qu'en mesurant la distance qui nous sépare, car à mesure que le soleil se réchauffera, notre globe, obéissant à la loi de la répulsion, sera repoussé d'autant, pour se rapprocher ensuite lorsqu'il se refroidira.

Mais en dehors de ces rapprochements périodiques, la terre se rapproche graduellement du soleil, car cet astre perd de sa chaleur.

Cela paraît quelque peu paradoxal, car le nombre de ses molécules est si prodigieux et notre vie si éphémère, que cette chaleur semblerait ne devoir jamais s'éteindre. Et elle sera longtemps, car si, d'après les évaluations de Hangton, la température de la terre a mis 18 millions d'années à baisser de 25 degrés, le soleil, qui est 1,280,000 fois plus gros que la terre, mettra un nombre incalculable de siècles à se refroidir d'une manière sensible.

Lorsque le célèbre Laplace, dans son *Exposition du système du Monde*, crut avoir démontré que tout dans l'univers était en mouvement jusqu'à la consommation des siècles, il se trompait grandement.

Non, le mouvement n'est pas une quantité constante, car s'il en était ainsi, le morceau de fer une fois rougi, ne se refroidirait plus jamais, et lorsque nous avons imprimé à notre tige métallique un mouvement de pendule très rapide, elle serait en mouvement pour toujours!... Non, le soleil n'est pas arrivé à un point où sa chaleur se suffit à elle-même, ceci serait contraire au plus simple bon sens et à la loi même du mouvement. La logique nous conduit à dire, et d'ailleurs on l'admet, que si notre système s'est formé par condensation, c'est qu'il se condense et qu'il se condensera. Or, il arrivera fatalement un jour où tout cela retombera au pouvoir de l'attraction, c'est-à-dire dans l'inertie et le repos.

Mais suivons pas à pas cette transformation.

A mesure que le soleil perdra de sa chaleur, et par conséquent de sa force répulsive, l'orbite de la terre et celles de toutes les planètes se rétréciront graduellement, jusqu'à ce que cette force répulsive ne soit plus assez considérable pour vaincre l'attraction. Alors toutes les planètes, sans en excepter la terre, seront précipitées dans le soleil, qui continuera sa translation autour de son centre de gravité. Et lorsque cette masse sera suffisamment refroidie, la surface de notre soleil verra, sans nul doute, éclore une luxuriante végétation, et nous devons songer qu'un jour des créatures pensantes s'agiteront dans ces vastes plaines devenues fécondes, où tout à l'heure ne s'agitent et se tordent que des flammes en épouvantables tourbillons.

Notre soleil sera déchu au rôle de simple planète qui aura ses jours et ses nuits, et son année comme la nôtre; cette année équivaudra à plusieurs milliers des nôtres, et ses jours seront presque aussi longs que nos mois.

Mais cet état de choses ne sera pas perpétuel; les jours solaires s'allongeront peu à peu, à mesure que s'anéantira la rotation, qui finira par cesser tout à fait, et le même effet qui s'est produit — tout à l'heure — pour notre terre, se reproduira de nouveau, c'est-à-dire que la même face de notre soleil regardera toujours son centre d'attraction, puis, ensuite, qu'il s'en rapprochera graduellement, et y sera finalement précipité. Et ainsi à l'infini. La voie lactée elle-même, de ses 18 millions de soleils, ne formera plus qu'une boule unique, et notre globe ne sera plus qu'un atome de cette masse colossale.

De cette condensation de nébuleuses, nous entrevoyons un assemblage de matière autour du grand foyer vibratoire devenu un puissant centre d'attraction qui réunira dans une même masse toutes ces molécules un instant dispersées, et tout retombera dans le silence et le repos.

Telle est la fin logique de l'univers.

Le vertige s'empare de notre imagination à la pensée de cette heure si reculée dans l'avenir des myriades de siècles. Revenons à notre époque.

Tout dans l'univers est mis en mouvement par les ondes vibratoires, la même force qui préside aux révolutions invisibles des atomes de la matière, lance comme des jouets au travers des espaces infinis, les irradiants soleils et les comètes vagabondes aux flamboyantes chevelures, et la cause de cette puissance, c'est le mouvement d'une parcelle de matière, d'un atome d'une inconcevable ténuité.

L'illustre Laplace, dans une page magistrale, a dit :

« Une intelligence qui, pour un instant donné, connaîtrait
» toutes les forces dont la nature est animée, et la situation
» respective des êtres qui la composent, si d'ailleurs elle était
» assez vaste pour soumettre ces données à l'analyse embras-
» serait dans la même formule les mouvements des plus grands
» corps de l'univers et ceux du plus léger atome. Rien ne
» serait incertain pour elle, et l'avenir comme le passé serait
» présent à ses yeux. L'esprit humain offre, dans la perfec-
» tion qu'il a su donner à l'astronomie, une faible esquisse de
» cette intelligence. »

Sans avoir la prétention d'être l'Intelligence à laquelle Laplace fait allusion, nous comprenons très bien le mouvement des plus grands corps de l'univers et ceux du plus léger atome. Nous soumettons ces données à l'analyse, et la logique nous conduit à des conclusions diamétralement opposées à celles qu'avait adopté ce célèbre mathématicien. C'est que Laplace n'avait vu que l'attraction ou la matière; il a toujours ignoré la grande loi du mouvement, et c'est là qu'a été son erreur.

Le mouvement n'est pas une quantité constante, et tout nous le démontre dans l'univers, car si le mouvement de notre tige métallique s'anéantit; si le morceau de fer rougi au feu se refroidit; si la terre retarde dans son mouvement de rotation, et si les nébuleuses se condensent, c'est qu'assurement ce mouvement vibratoire diminue d'intensité : or, s'il diminue d'intensité, c'est qu'il n'appartient pas à la matière, et qu'elle n'en est que l'accumulateur. Donc, si elle n'en est que l'accumulateur, c'est qu'il lui a été communiqué, et c'est là que nous attendons tous les savants matérialistes, s'ils ont compris le mouvement, pour nous expliquer comment il s'est produit.

Quant à nous, qui ne voyons que la logique, nous affirmons que la matière ne peut s'animer par elle-même, car l'attraction s'y oppose de la manière la plus formelle, et cette attraction est permanente et indestructible. Il nous faut une cause première, une cause éternelle ; en un mot, une cause suprême qui, d'un souffle tout-puissant, anima la matière.

Mais si nous constatons que ce mouvement diminue dans son intensité, c'est qu'il s'anéantira fatalement un jour, et que toute cette matière se rassemblera en une masse unique où tout sera dans l'inaction et le repos. Donc, tout serait en repos dans l'univers, et cela pour toujours!... Tous les siècles à venir ne contempleraient plus que cette masse inerte, et dans ces espaces infinis ne rouleraient plus jamais, jamais les soleils et les mondes! De même les siècles passés n'auraient vu que cette masse de matière qui s'est vaporisée un jour par hasard, et nous seuls aurions pu contempler ces merveilles! Le mouvement aurait été créé pour nous!

Non, cela ne se peut. Cette masse de matière sera de nouveau vaporisée, et de là, sortiront de nouveaux soleils et de nouveaux mondes, et le même effet se reproduira à l'infini comme il s'est produit une infinité de fois; car si les causes sont éternelles, les mêmes effets se sont produits de toute éternité ; et les siècles passés ont vu éclore, puis se former et disparaître une infinité d'univers animés.

Comme les fleurs que chaque printemps fait éclore, qui s'épanouissent et se fanent, pareils les univers ont éclos, se sont épanouis, et puis, plus tard, se sont fanés. C'est la loi de la nature.

Le mouvement est une beauté sublime qui porte en soi l'empreinte de la beauté suprême. Mais aussi quelle puissance !

Lorsque, par une belle nuit sans voile, nous contemplons cette voute scintillante, et que, mesurant du regard les distances qui séparent ces brillants soleils, nous restons anéantis devant une telle puissance qui dirige ces grands corps à de si prodigieuses distances, et notre esprit ne peut se faire à l'idée que l'origine de cette puissance, la cause qui produit les ondes vibratoires, est un atome d'une petitesse infinie.

La découverte de cette grande loi n'a pas déterminé en nous, comme on pourrait le supposer, un mouvement d'orgueil; elle n'a fait naître, au contraire, qu'une admiration sans bornes pour l'Auteur de toutes choses.

Oui, nous affirmons Dieu et nous l'admirons d'autant mieux que nous comprenons son œuvre. Aussi sommes-nous heureux de pouvoir rendre un public hommage à sa Puissance, et c'est pénétré de ces sentiments, que nous déposons humblement aux pieds de sa Grandeur le modeste tribut de notre admiration.

Ernest VITTE.

NOTES SUR LA ROTATION DE LA LUNE

Sur ce point, nous nous trouvons en contradiction avec l'opinion généralement reçue, d'après laquelle on reconnaît que la lune tourne, et que ce mouvement est égal à son mouvement dans l'orbite.

Nous reconnaissons qu'il pourrait se faire que le mouvement de rotation de la lune fut égal à sa translation, mais cela serait tellement étrange, qu'à moins d'un miracle on ne peut pas l'admettre. En effet, il faudrait que la rotation ne différenciât pas de un centième de seconde de son mouvement d'évolution, car depuis que l'on observe notre satellite, sa perspective aurait certainement changée. De plus, sa vitesse de translation n'est pas la même dans toutes les parties de son orbite.

Il faudrait donc (ce qui est impossible) que la vitesse de rotation fut elle-même variable, autrement l'aspect de la lune changerait. Il est donc bien plus plausible d'admettre qu'elle n'a plus de mouvement de rotation.

Ici on nous objecte, au nom de la science, que si la lune ne tournait pas, la terre verrait toutes ses faces. Mais on n'a pas compris du tout la force d'attraction ni même le plan de l'univers, car on n'aurait pas eu recours à cette conception naïve d'un mouvement de rotation égal à la translation pour faire cadrer l'invariabilité de sa perspective avec son mouvement autour de notre globe.

Sans doute l'on s'est basé, pour émettre cette assertion, sur des observations toutes terrestres. En effet, qui de nos lecteurs n'a pas vu aux fêtes foraines cet appareil d'amusement connu sous le nom de *voyage à la lune*, appareil qui consiste en une charpente en forme de roue montée sur un essieu, et qui porte à l'extrémité de ses rayons des fauteuils mobiles autour d'un axe? Dans cette disposition, l'on peut représenter la terre comme placée au centre, et un quelconque des fauteuils représentera la lune. L'appareil étant en marche imite assez bien le mouvement de translation de notre satellite, et si un observateur est placé au centre, il verra successivement toutes les faces du fauteuil. La raison en est très simple, et nous ne pouvons en donner d'autre explication que celle que fournirait le plus profane en matière de physique : Le fauteuil est suspendu à un axe mobile et sa base, ou la partie la plus lourde par l'effet de la pesanteur, est tournée vers le sol. Or, par cet effet (et heureusement pour les personnes qui ont pris place dans le fauteuil), celui-ci conservera toujours sa même position, et le spectateur placé au centre verra d'abord la partie supérieure du fauteuil, si celui-ci est près de terre, puis successivement il verra le côté, et puis le dessous, lorsque le fauteuil sera en haut de sa course. Le même effet se produit pour la descente, avec un changement dans la perspective. Alors, nous dira-t-on, il en est de même de la lune, et si, comme le fauteuil, elle n'avait pas de mouvement de rotation, la terre verrait toutes ses faces. Evidemment, le raisonnement est ingénieux, mais on oublie que le fauteuil tourne devant nous à la surface de la terre, et non comme la lune, qui tourne autour de notre globe : voilà ce qui fait la différence.

Pour que la lune changeât dans son aspect en n'ayant pas de mouvement de rotation, il faudrait qu'elle obéisse à une influence autre que celle de la terre qui tendrait à l'attirer vers elle, tout comme la terre attire le fauteuil, alors la terre représenterait le centre de la roue, et la lune parcourrait son orbite en ayant une face tournée vers cette attraction. Mais il n'en est pas ainsi; la terre est lancée dans l'espace, elle emporte avec elle la lune, son satellite. Elles forment ensemble un tout indépendant, c'est-à-dire que la lune n'obéit qu'à son influence, et à dater du moment où sa rotation s'est anéantie pour toujours, une de ses faces s'est trouvée rivée à la terre et elle ne la quittera plus jamais.

Nous pouvons fournir à profusion des preuves à l'appui de notre affirmation : Ainsi, une masse lancée par une force quelconque, un boulet, par exemple, s'il n'est pas animé d'un mouvement rotatif à sa sortie du canon à l'une de ses faces (le dessous), tournée vers la terre. Or, le bon sens nous dit que ce dessous sera toujours tourné vers le sol, et si nous prolongeons en imagination son trajet tout autour de la terre, il est indiscutable que le dessous du boulet reste toujours tourné vers le sol. Autre exemple : Tout le monde sait que deux lignes verticales placées à une grande distance ne sont pas parallèles, et que si elles étaient diamétralement opposées, elle formeraient une ligne droite. Or, comme la base du contrepoids suspendu au fil — qui est la ligne verticale — regarde constamment le sol, lorsque ces deux contrepoids se trouvent diamétralement opposés, leurs deux bases sont placées vis-à-vis.

Pour rendre cette conception plus facile, le lecteur n'a qu'à tracer un cercle (qui représentera la terre) sur une feuille de papier. Alors, en élevant des lignes perpendiculaires aux différents points de ce cercle, il verra quelle doit être la position du contrepoids respectivement aux différentes parties de la surface. Du reste, voici une expérience très simple qui fera mieux comprendre nos explications : On prend un anneau cylindrique en cuivre ou en carton d'un diamètre assez grand pour qu'on puisse y mouvoir aisément un petit aimant naturel. Cet anneau doit être d'une largeur suffisante pour faire obstacle à la rencontre de l'aimant avec un petit mobile en fer que l'on place du côté extérieur de l'anneau. Alors, si l'on imprime à l'aimant un mouvement circulaire en ayant soin de tenir son extrémité toujours appuyée contre l'anneau, on verra le mobile suivre l'aimant dans toutes ses évolutions.

Dans cette disposition, le mobile représente la lune; l'aimant, c'est la terre, et l'anneau, c'est la force qui tient la lune à distance.

Nous disons, de plus : *que, très probablement, la planète Mercure se trouve dans le même cas*. C'est que nous avions vu alors que, d'après Schiaparelli, la rotation de cette planète était égale à son mouvement dans l'orbite; mais, d'après les derniers travaux de l'astronomie, la durée de sa rotation serait inconnue. Cependant, nous n'en maintenons pas moins notre affirmation : il peut très bien se faire que Mercure n'ait plus de mouvement de rotation, et cela pour deux causes : d'abord, son grand âge, et puis sa masse relativement faible. Mercure est la planète la plus antique de notre système; elle se forma immédiatement après le soleil. Sa rotation primitive devait être extrêmement rapide, puisque la vitesse de rotation première était la vitesse de translation de l'anneau cosmique.

Mais comme sa masse est assez faible, cette impulsion s'est anéantie rapidement, et il est bien probable qu'elle ne doit plus avoir de mouvement de rotation. Mais si nous n'avons aucune preuve qui démontre que Mercure ne tourne plus, nous sommes absolument sûrs que sa rotation s'anéantira un jour, car le ralentissement de l'impulsion première est incessant, et tous les corps qui roulent dans l'espace n'accomplissent pas deux tours sur eux-mêmes dans le même laps de temps. On a vu que ce ralentissement pour notre globe serait, d'après Willam Thomson, de 22 secondes par siècle, mais ce n'est pas une donnée initiale, car le mouvement de rotation ne ralentit pas en temps, mais en vitesse. Ainsi, d'après ce savant, la terre avait, il y a dix millions d'années, une vitesse de rotation double de ce qu'elle est aujourd'hui. Donc, si le retard était en temps, la terre aurait eu un ralentissement dans sa vitesse double de celui qu'elle a maintenant, puisqu'elle tournait deux fois plus vite, soit avec une vitesse de 930 mètres par seconde à l'équateur. Or, ce retard est constant, mais il n'est pas progressif, et d'après nos calculs, ce nombre total de 22 secondes serait le produit d'un ralentissement de 3,242 milliardièmes de mètre à la seconde pendant ce laps de temps; ce qui nécessiterait une durée de 308,450 siècles pour un ralentissement de 1 mètre par seconde, et comme la terre était animée à l'origine d'une vitesse de rotation d'au moins trente kilomètres à la seconde, il se serait donc écoulé neuf milliards deux cent cinquante millions de siècles depuis la rupture de l'anneau cosmique jusqu'à nous.

En présence de ces chiffres, l'on se demande combien de millions de siècles se sont écoulés depuis la formation de notre soleil, et combien s'écouleront encore avant que sa rotation s'anéantisse tout à fait. Mais quelques fantastiques que puissent paraître ces nombres et d'autres plus prodigieux encore, toute impulsion finira par s'anéantir; c'est une loi fatale, et la durée n'est sensible que pour nous, fleurs éphémères, mais elle n'est rien dans l'éternité.

Limoges. — Imprimerie du " Petit Centre "

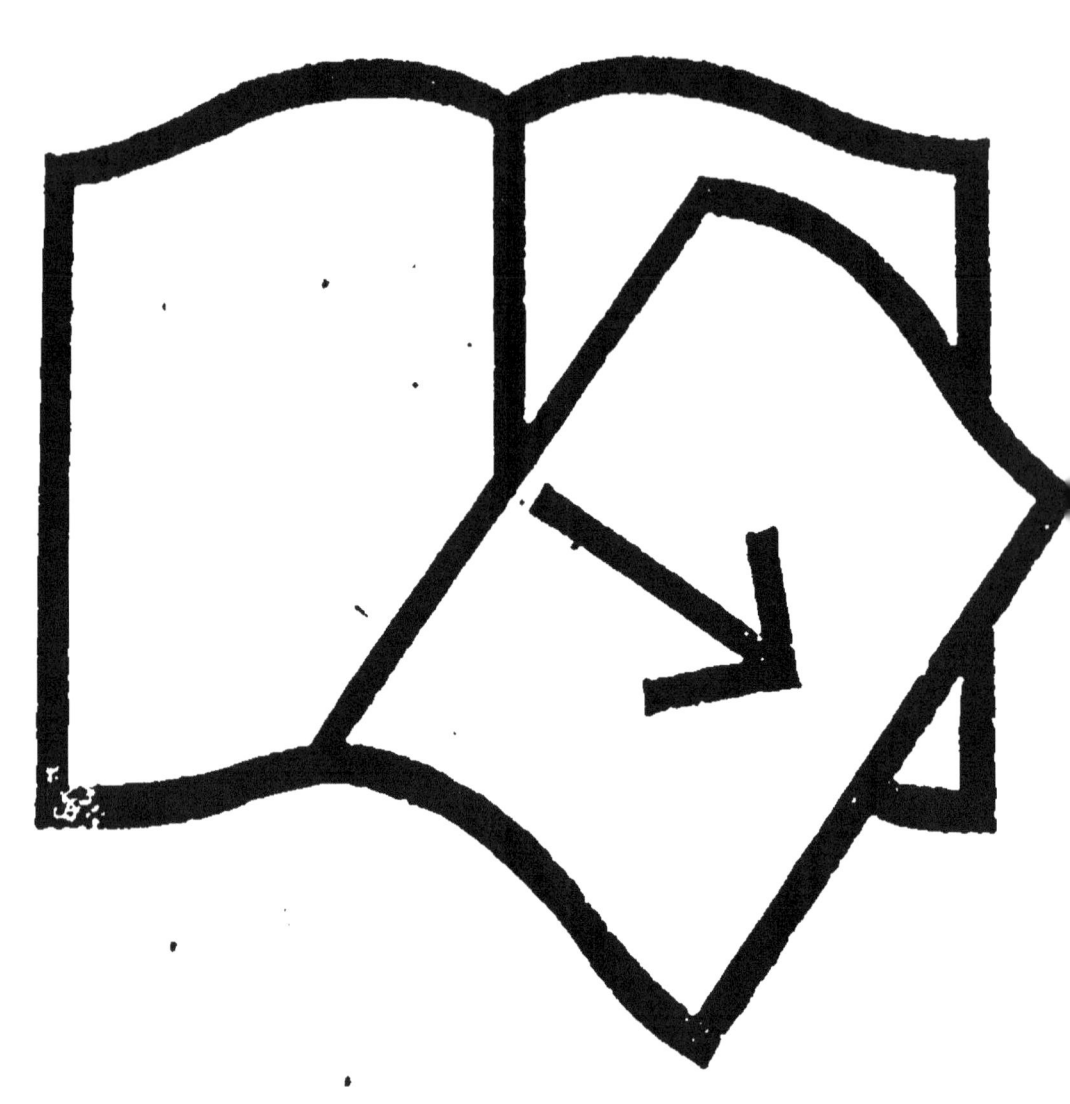

Documents manquants (pages, cahiers...)
NF Z 43-120-13

www.ingramcontent.com/pod-product-compliance
Lightning Source LLC
LaVergne TN
LVHW021005090426
835512LV00009B/2095

R
3370